敏感期就是孩子成长的关键期

好妈妈
不吼不叫

读懂儿童敏感期

鲁鹏程◎著

机械工业出版社
CHINA MACHINE PRESS

本书按时间顺序，全面解读了 0～6 岁孩子会出现的视觉敏感期、语言敏感期、口手敏感期、行走敏感期、秩序敏感期、审美敏感期、执拗敏感期、性别和出生敏感期、婚姻敏感期、身份确认敏感期、绘画敏感期、文化敏感期等 27 个敏感期的 100 个教育细节，最大程度地呈现了孩子在各个敏感期的表现，并提供了不吼不叫应对各个敏感期科学、有效的实用方法。

图书在版编目（CIP）数据

好妈妈不吼不叫读懂儿童敏感期／鲁鹏程著. —北京：
机械工业出版社，2020. 1
ISBN 978－7－111－64161－2

Ⅰ.①好⋯　Ⅱ.①鲁⋯　Ⅲ.①儿童教育-家庭教育
Ⅳ.①G782

中国版本图书馆 CIP 数据核字（2019）第 251649 号

机械工业出版社（北京市百万庄大街 22 号　邮政编码 100037）
策划编辑：刘文蕾　　　　责任编辑：刘文蕾　李妮娜
责任校对：张　力　　　　封面设计：吕凤英
责任印制：张　博
三河市国英印务有限公司印刷

2020 年 2 月第 1 版·第 1 次印刷
165mm×235mm·16.5 印张·189 千字
标准书号：ISBN 978－7－111－64161－2
定价：49.80 元

电话服务　　　　　　　　　　网络服务
客服电话：010-88361066　　机 工 官 网：www.cmpbook.com
　　　　　010-88379833　　机 工 官 博：weibo.com/cmp1952
　　　　　010-68326294　　金 书 网：www.golden-book.com
封底无防伪标均为盗版　机工教育服务网：www.cmpedu.com

前　言

读懂儿童敏感期，做不吼不叫的好妈妈

这是一本关于"儿童敏感期"的图书，而不是一本教妈妈们控制情绪，做"不吼不叫"的好妈妈的图书。是的，你没看错，再次强调一下：这本书不是教你如何做一个不吼不叫的好妈妈。为什么这样讲？我想说的是，如果你读懂了儿童敏感期，你就会自动自发地改变自己，努力让自己做一个不吼不叫的好妈妈。换句话说，一旦你真正明白了儿童敏感期背后的秘密，你将不会轻易冲孩子大吼大叫。

真的有这么神奇吗？当然是这样。就这本书而言，其实单看目录，我想各位妈妈就已经对 0~6 岁孩子的教育有了一个基本的了解，所以在内心会生出一些欣喜之情。但与此同时，也有在内心深处生发出一丝或很多悔意：为什么没早一点学习儿童敏感期的内容？为什么那么固执、天真地认为是孩子任性和捣乱？为什么会深深地误解孩子，甚至是伤害孩子？当然，可能还会衍生出很多"为什么"……你可能会想："我现在才知道儿童敏感期，才来学这个内容，会不会太晚了？"我想告诉你，稍安勿躁，且听我讲一句"十六字箴言"——没有最晚，只有更晚，现在开始，不算太晚。这是真的。因为无论你在后悔中无法自拔，还是在憧憬中无法前行，对孩子的成长都是无益的，唯有改变当下，才是最对的一条路。

如果你的孩子正处于 0~6 岁，正变得"不听话""叛逆"的话，这就是一本你再也不能错过的家教书。早一天阅读，早一天实践，你就会早一天走上清晰明白的教育之路，孩子也会一路出色成长。

通过"读懂儿童敏感期，做不吼不叫的好妈妈"这一说法可见，这里需要讲清楚两个关键词，一是"儿童敏感期"，二是"不吼不叫"。我就先"别出心裁"地从"不吼不叫"讲起吧！希望让妈妈们明白"高声教育"的弊端。

教育孩子，是每个核心家庭都必须面对的一件大事。尤其是对 0~6 岁孩子的教育，一个个场景、一件件小事，对很多妈妈而言，都无异于一场场"战争"——跟孩子战、跟自己战、跟"另一半"战……而这导致的结果有两个：第一，表象结果就是妈妈情绪失控、大吼大叫、歇斯底里；孩子恐惧、大声哭泣或小声啜泣；"另一半"或是火冒三丈，或是敢怒不敢言……第二，深层结果就是妈妈被孩子打败，被自己打败，对教育孩子这件事充满无奈和无力感，而家庭教育则完全无效；孩子内心受到伤害，甚至是心灵的"毒害"，童年充满阴影而失去色彩；"另一半"在家庭中失去尊严，在事业上可能也难以取得更好的成绩。

可见，妈妈的吼叫对于孩子的成长、家庭的和谐影响极大。甚至可以说，教育孩子的最大障碍就是妈妈的坏情绪，就是妈妈的大吼大叫。

孩子的童年只有一次，不能重来，而且童年的经历对于孩子的成长会产生深刻影响。童年是孩子接触世界、认识世界的重要阶段，孩子在这个阶段吸收力极强。接触、认识、吸收得好，他就成长得好；反之，他就成长不好。如果孩子在童年听到的都是妈妈的吼叫，感受到的都是妈妈的坏情绪，那他童年的色彩可想而知。这一点，你认真想过吗？

我国东北某市心理研究所曾针对少年罪犯进行过一次非常深入的调查研究，结果发现：在童年受到精神虐待是导致他们犯罪的最重要因素，而这里所说的"精神虐待"与"语言暴力"有很大关系。受访的 6 名少年罪犯口中的"罪魁祸首"就是父母的言语攻击——"废物""没用的家伙"

"猪脑子""丢人""怎么不去死""就知道吃""是人就比你强"……可以想象，他们的父母在说这些话的时候，肯定不是心平气和、言语柔缓的，而是大吼大叫、气急败坏的。这些孩子童年的色彩是阴郁的，童年的感觉是痛苦的，实在是令人遗憾不已。可见，妈妈的"语言暴力"真的可以改变（向下的、消极的、负向的影响）孩子一生。这些孩子原本也是祖国的"花朵"，却过早地凋谢，甚至还要在牢狱中改造。

妈妈一定要觉察自己的坏情绪，寻找情绪失控的各种"节点"，发现愤怒背后的原因，学着不埋怨、不丧气，温情包容，别让自己的大吼大叫成为孩子童年的阴影。对孩子，不要理直气壮，而要理直气平、理直气和。有理，也要心平气和地说，做到"平"与"和"，才会让孩子从心里感觉舒服。有理不在声高，"低声教育"才是好的教育。

孩子有一个情绪平和、不吼不叫的妈妈，就等于拥有了无穷的财富。对男孩而言，妈妈可以帮他正确认识女性，培养他具备细心、善良、温和有爱的特性。他将从妈妈身上了解异性，学会与异性相处。母子关系也会影响男孩未来婚姻的格局。对女孩而言，妈妈可以帮她建立温柔、贤淑、安静、内敛、守正的女性形象。妈妈的性格、智慧、人生观、世界观、价值观、为人处世的态度等，能够塑造女孩的情商，决定女孩的人生高度。

妈妈的好情绪，可以让家庭的磁场、夫妻关系以及孩子的情绪都变得更加稳定，而且平和讲理的妈妈对于孩子的教育效果要比情绪暴躁、大吼大叫强太多倍。好情绪让妈妈不仅不会失去什么，反而获得很多，自己、孩子、爱人、家庭都受益了，这着实值得庆贺。

如果仔细观察，你会发现，孩子是家里那个最会察言观色的人，他会根据妈妈的情绪来调整自己的情绪。比如，妈妈很开心，孩子一定也很开心，甚至会尝试放纵一下，这时的他会非常放松。越是年龄小的孩子，对妈妈情绪的感应及"随之应对"的表现越是明显。而相应的，如果妈妈不开心了，孩子也会变得小心翼翼，说话也会多想想，他会观察妈妈的表情，并尽量减少自己在妈妈面前出现的次数。如果妈妈问话，他也会表现得很积极，他甚至会用各种笨拙的方式来讨好妈妈，只希望妈妈能恢复快乐，能让他感受到快乐所带来的温暖。用一句话来说就是"一切都要看妈妈脸色行事"。你的"另一半"又何尝不是如此？当然，如果他也同样脾气暴躁，那面对"大吼大叫"的你，家庭战争真是一触即发。

可见，妈妈的情绪才是左右全家情绪的关键所在，或者说妈妈情绪的好坏决定着家庭是否能和睦、温馨。实际上，妈妈就是一个家庭的灵魂，而孩子跟妈妈在一起的时间是最长的，妈妈的情绪会对孩子的成长产生重大影响。努力做一个好妈妈，就先丢掉坏情绪吧。当孩子的记忆中填满妈妈的温暖与爱，你的家庭生活必定也将在这温暖与爱中越来越幸福。

关于"不吼不叫"我就说这么多吧，以下讲讲"儿童敏感期"。

敏感期，最早是由意大利著名教育家蒙台梭利女士提出来的。所谓敏感期，就是孩子在0~6岁这个年龄段，出于自身发展的内在需求，突然对某种特定的事情或事物非常感兴趣，甚至表现出一种狂热的状态，这种状态直到满足他内心的需求或敏感度下降或被人为地阻止而停止。

教育研究与实践证明，如果孩子能顺利地度过敏感期，他的心智发展就会有一个巨大的飞跃。但是，很多妈妈根本不知道孩子有所谓的敏感期，甚至连幼儿园的老师也不知道，这不能不说是一种教育的遗憾。

那么，敏感期都有哪些表现呢？简单举例来说吧，比如：

孩子刚出生时，对明暗相间的地方感兴趣，却不喜欢彩色气球；他不断地吃手，会抓东西时，什么都往嘴里放，妈妈拦也拦不住。两岁左右的孩子会突然变得爱骂人，甚至是说脏话。两三岁的孩子愿意做某件事时，会乐此不疲地重复做，如果事情不合他的心意，他就会要求重来，喜欢关注非常细小的事物，如头发丝、纸屑等。三四岁的孩子表现出叛逆的一面，爱跟父母"作对"；突然变得爱咬人，甚至是打人；喜欢捏软软的东西，如香蕉等；喜欢玩水，玩沙；喜欢插孔，找洞洞；喜欢捉迷藏，而且你找到他，他才会高兴；不停地问自己是从哪里来的；喜欢观察别人撒尿、洗澡，对身体非常感兴趣；想跟父母、老师结婚，会"爱"上同龄的小朋友；男孩把自己当作大英雄，女孩把自己当成小公主。四五岁的孩子会到处乱涂乱画；听到音乐后就会扭动身体；喜欢问一连串的"为什么"……

这一切，在很多妈妈看来，就是莫名其妙、无理取闹、任性妄为和不听话……于是就去限制孩子，甚至打压孩子。而事实上，这些情形都是孩子在不同敏感期的正常表现，几乎每个孩子都会有这些情形出现，无论是中国的孩子，还是外国的孩子，无论是现在的孩子，还是100年前的孩子。其实，我们小时候也是这样的，只是我们忘记了，或者也同样被父母忽视了，但这都不足以成为我们忽略孩子敏感期的理由。我们更不应该因此而打骂孩子，或采取其他粗暴的措施去教育孩子，这样做只会过早地结束孩子的敏感期，给他造成心理伤痕，甚至严重影响孩子心智的发展。还需要提醒的是，孩子的敏感期有很多，每个敏感期出现的时间也不是固定的，而且处于同一个敏感期中的孩子的表现也不是完全相同的。

不可否认，敏感期对孩子的成长是非常重要的。所以，一定不要想当然地教育孩子，不要错过孩子的敏感期，而是要善于捕捉他的敏感期，并顺应他的敏感期，给他足够的爱与自由，让他健康快乐地按照客观规律成长。教育，很多时候并不是我们为孩子做了什么，而是我们不为他做什么，其实就是欣赏他，等待他自动自发地成长。否则，可能就会毁掉孩子的一生，断送他本应该拥有的美好人生。

尽管如此，很多妈妈依然不知道孩子敏感期的种种表现，不知道如何去发现孩子的敏感期，也不知道怎样帮助孩子顺利地度过敏感期。所以，希望借由这本书帮助妈妈读懂孩子的敏感期，实施正确的家庭教育。

本书按时间顺序，全面解读了0~6岁孩子会出现的视觉敏感期、语言敏感期、口手敏感期、行走敏感期、秩序敏感期、审美敏感期、执拗敏感期、性别和出生敏感期、婚姻敏感期、身份确认敏感期、绘画敏感期、文化敏感期等27个敏感期的100个细节，最大程度地呈现了孩子在各个敏感期的表现，并提供了不吼不叫应对各个敏感期科学、有效的实用方法。

看孩子不顺眼，其实是我们的修养不够。孩子的成长之路，也是我们的修行、改变、提升之路。所以，好好学习吧，妈妈好好学习，孩子才会天天向上！这就是我们对孩子最大的善待。

再回到本书的主题：读懂儿童敏感期，你还忍心冲孩子大吼大叫吗？不用急着回答，先开卷阅读吧，希望你读完这本书后再来认真地回答这个问题。

这是一部能够揭示0~6岁孩子成长奥秘的家庭教育图书，一定能让妈妈、孩子以及整个家庭都受益。祝愿所有的孩子都能在妈妈的正确引导下顺利度过敏感期，为一生的成长奠基。祝福你，祝福你的孩子！

鲁鹏程

目　录

第二章

不吼不叫，
顺应 2~3 岁孩子的敏感期

第三章　不吼不叫，捕捉 3~4 岁孩子的敏感期

第四章　　　　　　　　　**不吼不叫，**
　　　　　　解读 4~5 岁孩子的敏感期

第五章

不吼不叫，剖析 5~6 岁孩子的敏感期

绪　论

不吼不叫，
用爱与智慧发现敏感期的秘密

大自然中的万事万物运行发展皆有其客观规律，而生物的成长也有其生机勃勃的敏感性。具体到孩子身上，敏感期就是一个神奇的存在，里面蕴藏着众多的成长奥秘，顺应孩子的敏感期，敏感期就会成为孩子健康成长的推动力。但如果妈妈不注意学习，很可能会意识不到孩子的各种"不听话""任性"行为，其实都是他在各种儿童敏感期里的正常表现，全世界几乎每个孩子都是如此。所以，作为妈妈，请务必用爱与智慧去发现儿童敏感期的秘密，在敏感期内，尽可能去顺应孩子的心理需求，给予他充分的自由，尊重他的发展，跟他做心灵上的正向沟通与行为上的积极互动，让他感知到你的爱，而不要想当然地用大吼大叫的方式去"教育"孩子。否则，受伤害的不仅是孩子，妈妈自己也会懊悔不已。人生并不像公交车、地铁一样3分钟一班，5分钟一趟，而是一辈子就一班，也就是说，每个人的人生都是一次"单程旅行"，不可能重来一次，孩子更是如此。所以，妈妈要努力做到不吼不叫，千万别让各种教育的遗憾发生在自己的孩子身上。

一、

读懂孩子
敏感期的
神奇与奥秘

孩子是一个神奇的生命个体，他的成长遵循着一定的客观规律，有着不可思议的敏感性。我们要对这个新生命心怀尊重与爱意，及时捕捉到他生命中所有的敏感期，并为他打造一个适合成长的空间，让他的身心都能愉悦地成长。

万事万物都有一定的客观规律，认识生机勃勃的敏感性

每个生命都是一个奇迹，尤其是人类的新生命，看似十分柔弱的婴儿，随着一天天地成长，总能给周围人带来一连串的惊喜。

也许有人认为，新生命的成长有赖于周围良好的教育。这话不能算错，因为教育的确是每个新生命成长过程必不可缺的一部分，但是当这个生命还不具备与妈妈沟通的能力时，他又是怎样成长的呢？

想想看，新生儿从只会哭到某天可以走路可以说话，这个过程其实与教育者的关系并不是那么紧密。就拿说话来说，妈妈是没法教孩子如何开口，怎样用舌头，怎样动用声带发声的。可是孩子就是能有本事学会说话，学会表达，学会交流……

神奇吗？究其根源，全是因为生物敏感性在发挥神奇的作用。

实际上，大自然中充满着各种各样的神奇，万事万物的发生、发展都遵循着奇妙的客观规律。意大利教育家蒙台梭利曾经说："当一个新的生命降生时，它自身就包含着一种神秘的本能，这个本能将指导它如何活动，形成什么样的特性及怎样适应环境。"这句话很明白地告诉我们一个事实，那就是生物都具有生机勃勃的敏感性。

所谓生物敏感性，就是指生物对环境的敏感程度。每个生物都具有被称之为"本能"的敏感性，这种本能是通过对某种确定的活动进行刺激而

被激发出来的。蒙台梭利认为，生物在其初期发育阶段都具有一种特殊敏感性，它可以被看做是一种灵光乍现的秉性，这种灵光乍现一般只在获得某种特性时才闪现出来。

荷兰科学家雨果·德弗里斯首先从昆虫身上发现了这种敏感性，他是从对蝴蝶的观察过程中得到这个惊人的结论的。

德弗里斯曾认真观察过一种蝴蝶，他发现这种蝴蝶的幼虫在刚出生的时候，只能依靠吃树梢的嫩芽为生。可是，雌蝴蝶一般都会将卵产在树枝与树干连接的隐蔽位置，因为那里非常安全。这样一来，问题就出现了，破卵而出的幼虫需要从树枝与树干的连接处爬到树梢，才可能吃到它所需要的嫩芽。

德弗里斯惊讶地发现，几乎所有的幼虫都能准确地找到这些嫩芽，并没有在中途迷路，也没有被树枝两边的大叶子所吸引。为什么会这样呢？

原来，这种蝴蝶的幼虫有一种本能，那就是对光线的敏感性。嫩芽生长在树梢，那里往往是光线最强烈的地方，刚出生的幼虫就会本能地顺着光线的方向朝树梢爬过去，最终得到它需要的美味。

不过，随着幼虫慢慢长大，它开始能吃各种粗糙的食物了，那些树枝两侧的大叶子也就成为了它的日常美食。这时它对光的敏感便消失了，那树梢上闪耀的光线对它似乎丧失了吸引力。

又一段时间过后，它从原先不停地吃，变成了不断地做茧，然后它便在茧中等待，直到最终破茧而出、舒展双翅那一时刻的到来。

这种蝴蝶的幼虫所经历的那段光的敏感期，就是它成长过程中的一种必然。正是有了这个敏感期，幼虫才可能存活下来，才可能成长并继续繁衍后代。这就足以证明敏感期对生物成长的重要性。

再说回到孩子。孩子更是一个神奇的生命个体，初生的婴儿对世界一无所知，但他却能很快适应这个纷繁复杂的世界，甚至能够在没有任何老师的教导下，毫不费力地掌握像语言这样在成人看来很难学的技能。显然，孩子的这种生命的"本能"，会让我们更深刻地体会到生物敏感性的不可思议，进而体会到生长发展规律对万事万物所产生的重要影响。

我们要尊重万事万物的客观规律，尊重孩子内在生机勃勃的敏感性，从而为他创造一个最适合的成长环境，让他拥有一个更美好的未来。

敏感期是孩子成长的推动力，一定要抓住这个关键期

你可能听说过"狼孩"的故事，也就是下面呈现的这个案例：

1920 年，印度米德纳波尔小城中的人们从附近森林的狼窝中带回两个女孩，大的大约七八岁，小的才两岁左右，两个孩子一直跟着狼生活在森林里。后来，人们将两个女孩送到了小城中的孤儿院，还给她们起了名字，大的叫卡玛拉，小的叫阿玛拉。

人们发现这两个孩子的生活习性与狼一模一样。比如，她们用四肢行走，白天睡觉，晚上活动，对火、光和水极为害怕，只吃肉，吃的时候会趴在地上用牙齿撕开肉来吃，等等。

阿玛拉在被带进孤儿院的第二年就去世了，人们随即对卡玛拉展开教育。但是，经过 7 年的教育，卡玛拉才只掌握了四五个词，勉强学会了几句话。16 岁时，她也去世了，但直到那时，她的智力也才相当于三四岁孩子的智力。

这是个真实的事例，卡玛拉并没有什么先天的缺陷，她的生理系统都是正常的。而她之所以无法真正像人那样去生活，就是因为她所有的重要敏感期都是在狼窝中度过的。

由于长期脱离人类社会，她没有产生人所具有的脑的功能，她的语言、行为等各种表现已经在那个阶段里，形成了稳定的"狼的神经通路"，以后再想改变，几乎是不可能完成的任务。

敏感期，是指在0~6岁的成长过程中，孩子受内在生命力的驱使，在某个时间段内，专心吸收环境中某一事物的特质，并不断重复实践的过程。当孩子顺利地通过一个敏感期后，其心智水平就会上升到另一个高度。

可见，孩子可能遇到的各种敏感期，是他成长过程中最主要且最佳的推动力，一旦错过，将会给他的生长发育包括心理发展带来无法挽回的损失。

科学家们将大脑在接受外部信息时具有的时间段称为"机会之窗"，对于孩子来说，敏感期就是他的"机会之窗"，当这些"窗户"都打开了，他才能广泛地接受成长所需要的各种知识，他的学习也才会更加自然且轻松。

所以，当孩子处于敏感期时，我们一定要抓住这些关键期，并尽量提供他所需要的环境刺激，以满足他正常生长发育的需要。

美国儿科神经生物学家哈利·丘加尼教授通过扫描观察婴儿大脑发现，婴儿脑部的各个区域，在出生后一个接一个地活跃起来，并互相联系。

他的这个发现也是在提醒我们，孩子的敏感期是一个接一个地开始的，所以我们要保持耐心，更要细心、认真地对待孩子的每一个敏感期。只有重视敏感期对孩子生命的影响，我们才能给予他以正面的影响，才能让他"顺理成章"地健康成长。

每个孩子的成长，都有着难以解释的神奇与奥秘

当与孩子在一起时，我们也许会发现这样一种现象，在某些时候，他的某些表现总是透着一种神奇，他的行为经常会带给我们各种各样的惊喜。

比如，世界上充满了各种各样的声音，如果用我们这些成年人来做实验，当耳边充满说话声、音乐声、钟表声、汽车喇叭声、流水声、切菜声等各种声音时，先不用想象那些声音都是怎样的，单就看到这一长串的声音名称，我们可能都会感到无比厌烦。如果再让我们从中去辨认某种声音，甚至模仿、学习，恐怕内心就会一下子烦躁到快要崩溃了。

可是，还没有学会说话的孩子就是处在这样一种环境中，他会听见各种各样的声音，但随着他的成长与自我学习，他能从所有的声音中很快辨别出我们说话的声音，并用转动视线、握拳、微笑、蹬腿等一系列行为来向我们表现他听到这种声音时的喜悦感。

而接下来，他会希望像我们一样发出各种各样的声音；要不了多久，他会喊出第一声"爸爸"或者"妈妈"；再然后，这种高低错落的声音就会从他的口中接二连三地冒出来；直到最终，说话将会变成他生命中不可或缺的一部分。

这是多么神奇的变化！

这就是孩子的成长，每一个阶段的发展都好像水流经过设定好的河道那么顺畅。除了说话，孩子还有很多其他令人感到惊奇的表现。比如，他生来就有吮吸反射，这是他得以生存的最基本保障；他的手会帮他认识各种东西，让他更快地接触这个世界；他的腿会带他到所有他想去的地方，这就帮他扩大了行动范围。

这些都是孩子最基本的敏感期表现，而他的敏感期行为又远远不只这些。可以说，只要孩子处在敏感期，那么他的成长过程就像是一部电视连续剧，一集接着一集，而且集集精彩。

孩子就像一棵树，他会在合适的时机发芽，在恰当的时机抽叶，在准确的时机开花，在最佳的状态结果。就如预先设定好一样，孩子会让自己按部就班地成长。也许正是因为孩子的这种"生命自控成长"能力，我们才会被他那神奇的成长所感动。

所以，越是在这种时候，我们就越要扮演好"看护者"的角色，只有尊重孩子的内心发展，理解他的内心变化，给予他最需要的东西，他的成长才不会变得艰难。

更重要的是，我们也要意识到孩子的成长也是一种挑战，任何一种强制或干涉，都有可能使他在挑战中失败，而这种失败也许会给他的心灵蒙上一层阴影，从而误导孩子的成长方向。换句话说，既然发现了孩子那神奇的成长过程，那就用一种欣赏的心情去认真体会这种神奇吧！这种神奇带给你的惊喜，可能会替代你的大吼大叫！

了解蒙台梭利归纳总结的"孩子九大敏感期"

对于孩子来说，敏感期就是大自然赋予他的生命动力，如何能让这些动力真正发挥作用，则是身为妈妈所要肩负起来的重要职责。

蒙台梭利根据对婴幼儿的研究与观察，将孩子的敏感期分成了九大类：

第一，语言敏感期。

在孩子 0～6 岁期间，语言敏感期会一直存在。当他开始关注我们或其他人说话的口型，并尝试着自己发出声音时，就意味着他进入了语言敏感期。这时的孩子具有一种与生俱来的语言敏感力，只要我们为他创造一个良好的语言环境，用标准的语言教他学习说话，用准确的遣词造句教他表达，他将来就可能具备良好的口头表达能力，而拥有这项能力将为他未来的人际关系以及个人能力打下稳固的基础。

第二，秩序敏感期。

秩序敏感期一般出现在孩子 2 ~ 4 岁时，这个阶段的孩子秩序感强烈，对物体摆放的位置、事情完成的顺序以及物品的归属等问题会有极强的执念，他会很坚决地维护他认定的秩序，不允许任何人随意改变。而就在孩子于环境之中建立内在秩序时，他的智能也在同时进行逐步建构。

第三，感官敏感期。

感官敏感期会从孩子 0 岁时出现，并一直持续到 6 岁左右。孩子是依靠视、听、嗅、味、触等各种感官来认识和理解世界的，以此来感知与熟悉他周围的环境。这些感觉同时也会促进孩子的记忆、表征、思维等高级心理的进一步发展，并引导他自己产生智慧，这对他的个体发展具有非常重要的意义。

第四，关注细小事物敏感期。

这个奇特的敏感期一般发生在孩子 1 岁半至 4 岁之间。这时候的孩子对于周围环境中的细小事物格外重视，比如地上的小蚂蚁、墙上的钉子眼、衣服上不起眼的小黑点、一根头发丝，甚至是随便一小块碎纸片都能引起他极大的兴趣。当孩子处在这一敏感期时，我们应该引导他学会观察这些细小的东西，这也是对他敏锐观察力的培养。

第五，动作敏感期。

动作敏感期从孩子 0 岁开始出现，并且一直会持续到 6 岁左右。它主要包括两部分，一部分是大肌肉的运动，比如走、跑、跳、肢体运动等；另一部分则是小肌肉的运动，比如手、眼协调活动等。孩子身体各部分肌肉如果能获得很好的运动，将有助于他左右脑的均衡发展。尤其是小肌肉运动，更能促进他智力的发展。

第六，社会规范敏感期。

孩子在 2 岁半左右时，便进入了社会规范敏感期，这个时期将一直持续到 6 岁左右。这个时期，他逐渐脱离以自我为中心，开始喜欢交朋友，喜欢群体活动。这时也是帮助孩子明确日常生活规范、礼仪，教育他遵守社会规范、学会自律生活的关键时期。

第七，书写敏感期。

孩子在 3 岁半到 4 岁半时，就进入了书写敏感期。这个年龄段的孩子就爱拿着笔四处涂涂画画，可能他只是画几条直线，戳几个点，假装写点什么，而实际上他也许什么都写不出来。这时我们不要刻意约束他，而是要采取正确的方法予以引导。

第八，阅读敏感期。

当孩子进入阅读敏感期后，图书就成了他最好的朋友，这一时期一般出现在 4 岁半至 5 岁半之间。此时他喜欢我们给他读书，也喜欢自己看书。我们可以抓住这个时机，让孩子爱上读书并养成良好的阅读习惯。

第九，文化敏感期。

这个敏感期发生得时间有些晚，虽然蒙台梭利认为幼儿对文化学习的兴趣大概从 3 岁开始，但实际上，很多孩子在 6 ~ 9 岁才出现想要强烈探索事物的欲望。当孩子进入这一敏感期之后，我们就要为他提供更丰富的文化资讯，帮助他了解或者学会更多的知识。

从这九大方面来看，儿童敏感期集中出现在0~6岁这样一个关键时间段里，在这段时间中，儿童的成长变化是惊人且飞速的，有的变化几乎瞬间爆发，也有的变化细水长流，这些变化对儿童未来的成长都可能起到关键性的作用。在这个汇集了诸多敏感期的阶段里，儿童的能力、智力、心理都将发生质的飞跃，可以说这一时期的成长奠定了他一生的发展。

认识并善用中国传统文化教育里的"敏感期理论"

敏感期理论是由意大利教育家蒙台梭利提出来的，尽管其源于西方教育，但却并不是西方独有的教育理论。我国古代的先贤们，也都产生过类似于"敏感期"的见解。

比如，我国群经之首《易经》中早就提到过与"敏感期"相类似的理念。《易经·艮卦》就提到，"时止则止，时行则动。动静不失其时，其道光明。"这里提到的"时"，是指事物发展过程中的重要时机或时期，这句话意思是，要观察时势，该停止的时候就停止，该行动的时候就行动，只要动和静、行与止都不失其时机，其前途就会更加光明。《易经·系辞传下》也提到，"君子藏器于身，待时而动，何不利之有"，说的是，君子把利器藏在身上，等待有利的时机而行动，又怎么会有什么不利呢？这两处所讲的意思，尤其是"时"的说法，已接近今天"敏感期"的概念。

此外，《管子·霸言》也提到："圣人能辅时，不能违时。"《列子·说符》说："得时者昌，失时者亡。"《荀子·仲尼》说："时诎则诎，时伸则伸。"汉代刘向《说苑》也提到："少而好学，如日出之阳；壮而好学，如日中之光；老而好学，如炳烛之明。"这些都表明，我国古人很早就认识到，在事物的发展过程中存在着关键的时期，在关键时期内采取行动，可以通过最少的努力取得最佳的效果。这些思想与"敏感期"的概念非常类似。

而最接近"敏感期"概念的当属中国最早也是世界上最早的教育学专著《学记》里提到的"时过然后学，则勤苦而难成"，意思是如果错过了学习某种事物的最佳时期，以后即使非常勤奋刻苦，也很难再学成。这与"敏感期"或"学习关键期"的意义是相同的。

可见，"敏感期理论"就隐藏在两三千年前的中国传统经典中，只是中国的古圣先贤没有明确地提出"敏感期"这个概念而已。

如果仔细研究分析，就会发现蒙台梭利的儿童敏感期教育思想与中国传统教育思想之间的关联性非常强。

第一，二者都强调早期教育的重要性。

蒙台梭利敏感期教育思想，强调早期教育，就是要在孩子人生的前几年抓住每一个发育的关键点，给予必要的帮助与重视，促进孩子各方面发育的顺畅自然。蒙台梭利认为，"儿童在他的敏感期里学会自我调节和掌握某些东西，正是这种敏感性，使儿童以一种极其强烈的程度接触外部世界。在这一时期，他们很容易学会每样事情，对一切都充满了活力和激情"。因此，将孩子早期每个敏感期的教育紧紧抓住，教育才能更有成效。

而同样的，中国传统教育也非常注重这一点。我国早期完整论述家庭教育的著作《颜氏家训》就强调要对孩子及早施教，指出"人生小幼，精神专利，长成已后，思虑散逸，固须早教，勿失机也"；《汉书·贾谊传》中指出"少成若天性，习惯如自然"，意思就是，对孩子要尽早开展教育，因为人在小时候精神最专一，这时施教，就容易在孩子纯净未受污染的心灵上"作画"，容易先入为主，教育作用十分深刻而有效，是施教的最佳时机。如果等到再长大一些后，他的思虑就会分散，教育也就会更加有难度。实际上，如果小时候就接受了良好的教育，人从小就有好教养，养成好习惯，长大后自然也会一身正气，不会轻易为歪门邪道所污染。

中国传统教育还提到"三岁看大"，这也说明，儿童时期接受到的教育、受到的影响、养成的习惯，可以预见成年之后这个人的表现是好还是坏。

第二，二者都强调教育要适应自然规律。

蒙台梭利的敏感期教育理论认为，自由活动是每个孩子的内在需要，也是适应每个孩子发展节奏的最佳途径，为了满足他们内心的需要，孩子在"工作"中可以自由选择工作材料、自由确定工作时间。

而中国文化则强调"天人合一"的观念，崇尚人与自然的和谐统一，肯定人与自然具有内在的同一性。中国文化的这种观念，其实就是在表达对自然的尊重。老子强调"自然无为"，主张"不言之教"，其本意就是不要刻意改变孩子的天赋秉性，尊重他的自然特点，重视其自然的思想觉悟，教育的本意就是要完善他的自我人格。

同时，《学记》中也讲道："当其可之谓时，不陵节而施之谓孙。"意思就是，应该在适当的时机进行教育，也就是抓住最佳的时机，及时施教；不超越个体本身的知识基础与认知能力去教导，让其按照自己的规律循序渐进，但也不能错过时机。这也是在提醒人们，学习是有关键期的，需顺应自然规律发展，到了应该好好学习的时候就一定要抓住时机去努力。总结来说就是，到什么时候做什么事，自然发展的规律不能违背。"揠苗助长"的成语，就是提醒人们不要妄图打破事物发展的自然规律，否则可能适得其反，尤其是在教育上，要尊重孩子成长的天性，在合适的时机施展合适的教育，才能给孩子的成长以良好的助力。

第三，二者都强调环境对孩子的影响。

蒙台梭利敏感期教育提醒教育者，一定要为孩子创造一个"有准备的环境"，这个环境要以孩子为本，不仅给他足够的安全感，还要在其中准备充足的可以促进他发展的内容，同时这个环境也要具备自由度和视觉美感，还要有一定的限制与秩序性。通过在这样的环境中学习与受教育，孩子要学会面临未来世界及不同文化的方法与手段。

同样的，中国文化对孩子成长过程中的环境也有着强烈的"关注度"。古代的孟母之所以几次三番择邻而居，就是为了给孩子选择一个适合他成长的好环境，避免他从周围环境中学到坏习气，这正如《孔子家语·六本》所指出的，"与善人居，如入芝兰之室，久而不闻其香，即与之化亦。与不善人居，如入鲍鱼之肆，久而不闻其臭，亦与之化矣。丹之所藏者赤，漆之所藏者黑，是以君子必慎其所与处者焉"。《墨子·所染》也强调，"染于苍则苍，染于黄则黄，所入者变，其色亦变；五入必而已则为五色矣。故染不可不慎也"，意思是，环境对一个人的影响是巨大的，周围环境的好坏会直接影响一个人品性的发展。尤其是对孩子，天性纯然，好的环境才能让他受到更多的正向影响。

可见，敏感期理论与中国传统教育有诸多相通之处，所以在对孩子的教育过程中，完全可以做到中西融合。让孩子受到更具有中华传统文化特点的教育的同时，又能吸收西方敏感期教育的精华，让两者共通的理念相互碰撞融合，对孩子无疑是有好处的。这需要教育者做到以下几点：

第一，要多接受中华传统文化的熏陶。

对孩子开展教育并不是一件简单的事，孩子需要的不仅仅是成人的细心对待，更需要成人本身做一个好榜样。教育者的文化素养、知识水平以及谈吐表现，都将成为影响孩子的关键因素。作为妈妈，也同样肩负着向祖国新一代传承文化的重任，所以若想要更好地在敏感期教育中做到中西融合，就要多接受传统文化的熏陶，提升自身的文化素养，如此才能在接下来的教育中做到游刃有余，且不会出错。

比如，推荐孩子看的经典书籍，妈妈应该了如指掌，熟知其内容，这样不管是向孩子推荐也好还是讲解也好，妈妈都将更有发言权，如果能对书里的内容进行更深入的思考与研究，对内容有更深刻的理解，那在以后的教育中也将会对孩子有更好的引导与帮助。

另外，有些妈妈对传统文化有误读，认为一旦开始学习传统文化，便与现代社会脱节，觉得这种学习是死板而又无意义的。我们生活在现代，要学会用传统文化的理念来处理现代遇到的问题，要将传统文化学活。所以，一定要亲自去接触传统文化，而不能人云亦云，要有自己的思考，才能更好地对孩子开展教育。

第二，把传统文化与蒙氏教育相融合。

每一种优秀的教育模式都是在与本民族文化融合中才能生根发芽进而开枝散叶的，来源于西方的蒙台梭利教育模式，与中国的实际教育现状也难免会存在差异，但不可否认的是，蒙台梭利教育的理念、观点与方法又是对孩子成长有益的，所以一个可以借鉴的解决办法就是将蒙氏教育与中华传统文化相融合。

比如，可以以中国传统的方式来开展蒙台梭利教育。将西式的教育内容，用中国传统文化中的诗歌、水墨画等形式来展开，结合孩子了解的内容，以中国传统文化的故事、道理来进行讲解；用跳绳、跳房子、丢沙包、翻花绳、剪纸、七巧板等玩具或游戏，也能很好地实现蒙氏教育中的要求。因为蒙台梭利所设计的教具的核心是以孩子的生命成长需要为中心，符合人类生命成长的规律，也符合人类认知产生的规律，但蒙台梭利并没有把所有的教具都设计出来，她鼓励结合本土文化为孩子研发教具。所以，妈妈完全可以结合现实生活，给孩子制作、提供能反映中国传统文化精髓的玩具和游戏等。当然，这对妈妈而言，也是一个学习的机会，就是要根据自身所学，善于将中国传统文化与西方理念中的精髓进行对比融合，以传统的正确思想理念为依据，开展更适合今天孩子成长的教育。

第三，要理性看待中西方教育的不同。

中西方教育的不同，主要表现在教育理念上。而中西教育理念的交流，在本质上还是中西文化的交流与沟通。虽然，今天提倡学习儿童敏感期理论，但并不提倡完全照搬、照抄这种教育思想。因为中西文化底蕴不同，所以蒙氏教育理念中也会存在一些与中国传统文化不同或者不相符的地方。

比如，蒙氏教育强调给孩子自由，强调成人应该给予孩子尊重，理解孩子，帮助其成长。这一点没有问题，但是在中国传统教育中，却并不仅仅要求成人要尊重孩子，也同样要求孩子遵守孝亲尊师的做人原则。儒家文化对中国影响十分深刻，儒家教育重在教孩子学会正确做人的道理是原本蒙氏教育中并未着重提及的。如果一概照搬、复制蒙台梭利原本的教育思想，就不能实现其完全意义上的中国化、本土化。

妈妈在对孩子进行敏感期教育的过程中，应适时将中华传统文化教育穿插其中，不仅要让孩子接受更全面、更深刻的教育，也能保证中华传统文化在下一代更好地传承。妈妈要学会在实践中反思，更要保证自己的教育不会变成"空中楼阁"。

在教育现代化的过程中，对蒙台梭利教育思想理念与模式的学习、吸收与借鉴，只有根植在中国文化的坚实沃土上，才能让蒙氏教育和中国传统教育有利结合，使之成为真正对中国孩子有意义的教育，才能使西方现代教育理念与中国传统文化不断融合、共存。

现在，我们从高妙的教育理论中回到现实生活——如果妈妈能够深入学习中华传统文化和儿童敏感期理论，并将这些理念运用到实际生活和对孩子的家庭教育中，就会增长很多智慧，也会大幅提升自身修养，再面对孩子的各种"不听话""任性"等行为，也就不会甚至不忍心大吼大叫了。

蒙台梭利的儿童敏感期理论当然不提倡吼叫式教育。实际上，中国传统教育思想中也是没有吼叫教育的，正如明代学者苏士潜在《苏氏家语》中所说："孔子家儿不知骂，曾子家儿不知怒，所以然者，生而善教也。"孔子、曾子教育孩子不骂、不怒，以至孩子连什么叫骂，什么叫怒都不知道。可见，圣贤子弟，其成长环境和受到的教育是跟常人不一样的。家里没有吼叫，没有打骂，没有吵闹，没有愤怒……有的只是"善教"——父母懂教育，会教育，即善于教育，而且还教孩子向善。能让孩子"不知骂""不知怒"，是不是父母的一种修养？是不是教育者的一种自我控制能力？当然是。希望你也能从中有所感悟，努力让自己做一个不吼不叫的好妈妈！

二、 不吼不叫，帮孩子度过敏感期

敏感期不只是孩子成长中的敏感阶段，也是妈妈生活中的敏感阶段。妈妈不能什么都不做地放任这段时间流逝，但也不能在这一时期太过紧张。而是需要带着爱心去观察，并适时运用智慧给予孩子帮助，抓住各种关键点，不吼不叫，帮他顺利度过这些敏感期。

敏感期出现的时间并不固定，要注意观察孩子的言行举止

其实孩子各个敏感期出现的时间并不是固定的，有的孩子的某些敏感期可能很早就出现了，有的孩子则出现得就比较晚，甚至有的孩子直到成

年以后才出现某些敏感期；有的孩子敏感期的表现并不太明显，有些敏感期刚出现就消失了，而有的孩子的某一敏感期可能会持续很长时间。

既然孩子的敏感期没有确切的出现时间，我们应该如何确定他是不是进入敏感期了呢？这就需要我们细心观察孩子的言行举止，从他的各种行为表现来推测他是不是进入了某个敏感期。

在观察之前，需要先认真了解一下在各个敏感期中，孩子都可能出现哪些特殊表现。比如，在秩序敏感期孩子会表现出对物品摆放顺序的格外坚持，对穿衣顺序的严格执行等。当我们发现孩子因为这样的事情而表现出急躁情绪时，就代表他已经进入秩序敏感期了。还比如，书写敏感期的孩子会笔不离手，喜欢四处画线、画圈、戳点点等。当孩子出现这些比较特殊的行为表现时，就要注意，这可能就意味着他的某一敏感期已经到来了。接下来就可以针对各个敏感期孩子的不同表现，来采取应对措施。

不过，每个孩子都有自己的特点，所以我们不能用统一的标准来衡量所有的孩子。敏感期教育只是一种比较笼统的教育方法与模式，具体的施教，还要从孩子的自身特点出发，要从他的实际表现分析思考。

另外，妈妈的认真观察只是为了确认孩子已经进入了哪一种敏感期，并不是帮孩子挑选或回避敏感期。即便孩子出现了执拗敏感期、诅咒敏感期，也不能强硬地阻止他，而是要采取合理的措施去应对。

越到此时，妈妈就越要显现出身为教育者的智慧来，要用爱的眼光欣赏孩子，并用爱的胸怀包容他。在他的敏感期出现后，多给予引导与关爱，善于发掘独属于他的特质与潜能。因为任何一个敏感期都蕴藏着孩子未来的无限可能，要尽可能让敏感期在孩子的生命中真正发挥积极的作用。

在孩子敏感期内，尊重他的发展，给他充分的自由

当孩子处在敏感期时，如果妈妈从自己的意愿出发，给他增加一些不必要的约束，使他不能自由发展，那么他的敏感期也许就会过早地结束。而这样一来，他的心理需求可能就得不到满足，与之相应的能力也就无法得到及时的锻炼与提高。

举个例子来说，生活中有很多妈妈最看不得孩子爬上爬下，一旦他想要爬高，妈妈就会立刻把他紧紧抱在怀里，并不断地给他讲爬高的危险性。最终，孩子就被剥夺了任意探索空间的行动自由。但这样一来真的好吗？答案显然是否定的。

一位妈妈说："我儿子在3岁时，喜欢爬上爬下，喜欢踩着马路牙子走路，喜欢一级一级地上楼梯后再下楼梯。他还爱上了捉迷藏的游戏，经常躲在窗帘后面、茶几下面、衣柜里面。其实一开始我总觉得心惊肉跳，怕儿子一不小心摔了、碰了，我也无数次地想跟在他后面说'不'，但最终我还是忍住了。因为我觉得如果我那样做了，儿子的自由与发展空间无形中也就被我束缚了。记得书上说，儿子这样的表现代表他进入了空间探索的敏感期，我相信他所有的行为都是他自我发展与锻炼的需要。"

这位妈妈的做法是正确的，处在敏感期的孩子有很多行为也许在我们看来是怪异的、幼稚的，甚至是毫无道理的，但他却能够从这样的行为中获得满足感，这是他内心的一种需求。而且，从某种角度来说，敏感期不仅仅是孩子内心发展的需要，更是他自我提升的一种需要。

如果这位妈妈当时就对孩子说了很多"不"，制止他登高、爬楼梯、钻衣柜的行为，那么也许当时孩子会变得乖一些，可他的空间感与立体感的培养却受到了阻碍。由于在空间敏感期中缺乏对孩子空间探索能力的培

养，那么日后孩子在学习几何时，也许就会遇到空间建立障碍，他的学习自然也就会遭遇很大的困难。

事实上，孩子的各种能力发展可能都会经历一个特定的敏感期，这会激发他的潜能，使他的各项能力在看似玩耍的行为中得到进一步的拓展。

所以，孩子处在敏感期时，只要不是危及健康或安全的原则问题，就要给他一个足够的活动空间。妈妈此时应该放慢脚步，学着去适应孩子的活动节奏，站在他的角度去考虑，尊重他的成长，给予他最起码的信任，可以选择恰当的时机协助他，但一定不要随便干预。这样，我们才不会人为地给孩子增加过多的限制，也才能助孩子更好地进行自我探索。

用爱和智慧与孩子进行心灵沟通，让他感受到我们的爱

3岁多的孩子会突然发现语言的魅力，有时他会没完没了地学人说话，有时他又会乐此不疲地冒出一句又一句"粗话"；4岁多的孩子可能又会陷入某种情感之中无法自拔，他经常会因为一件小事而哭泣，突然就感到自己很委屈；他还可能会拿着笔到处乱画，在所有原本很干净的地方留下他那并不高明的"大作"……

在一个又一个敏感期中，孩子会做出很多令我们感到匪夷所思的事情，有时还会让我们无比头疼，有时甚至会使我们倍感愤怒。

面对这种情况，我们又该如何做？表达愤怒吗？还是换一种表达方式呢？

4岁的女儿刚一回家就对妈妈说："我讨厌爸爸。"妈妈惊讶地问："为什么？"女儿忽然哭了起来："爸爸和人吵架了，他是大坏蛋！"

原来，刚才爸爸和超市的收银员发生了口角，忍不住骂了几句，结果这种情绪传染给了女儿。妈妈拍拍女儿的头说："爸爸并不是故意的。"说

完，她连忙向一旁站着的爸爸使了个眼色，爸爸赶紧过来说："刚才的确是爸爸的错，不该骂人。宝贝吓着了吧？爸爸下次一定改正!"听了爸爸的话，女儿从一开始的哭泣慢慢转为了抽泣，后来点了点头说："爸爸，我原谅你了。"

这个孩子显然处在情绪敏感期，而妈妈和爸爸的做法是正确的，他们成功地处理了孩子的情绪。

事实上，当孩子处于敏感期时，他的各种情绪也同样是敏感的，妈妈如果能用爱给予孩子包容，那么孩子的内心就不会被不安所占据；如果能采取智慧的处理方式，那么孩子就会感受到我们对他的爱，他的不良情绪也许很快就会消除。

另外，孩子在某些敏感期所做出的看似出格的行为，无论是骂人还是捣乱，其实都只是他敏感期的特有表现。要宽容看待，不要训斥他、吼他，如果实在无法忍耐，完全可以置之不理，以减弱他对某种行为的兴趣。

而当孩子对他自己的行为产生情绪时，妈妈也要及时用爱来缓解他的情绪。比如在秩序敏感期中，孩子会坚持自己穿衣服的顺序，但他又说不出为什么要这样做，一旦妈妈不小心违反了他的秩序，他就会变得急躁起来。这时妈妈也要用爱与孩子进行心灵的沟通，要理解他想要遵守秩序的心理，适当地顺从他的意愿，尊重他的成长。这样孩子才会更加安心地做自己想做的事情，他的潜能也更容易被激发出来，并在他的生命中发挥重要的作用。

给孩子布置丰富的学习环境，对他适时协助，而不是干涉

曾经有妈妈提出这样的问题："我的孩子脾气太不好了，他总是动不动

就用哭闹来表达他的不满。我对他已经很言听计从了，他想要的东西我会给他，只是在他做错的时候我才会纠正他。可每次纠正他的时候他都会无理取闹，他才4岁，却已经如此任性，我真是不知道该怎么办了。他是不是有狂躁症呢？"

我们也许没法完全弄清楚孩子发脾气的原因，但有一点可以肯定，如果孩子正处在敏感期，而我们的某些行为阻碍或干涉了他敏感期的发展，那么他就会用发脾气来表达内心的不满。假如他的某种需要没有得到满足，他就会用哭闹来表达自己的不安。了解这一点之后，我们就不难找到解决的方法了。

为了降低孩子发脾气的概率，就要为他布置好丰富的学习环境，尽量满足他在敏感期的各种需要，根据他成长的不同阶段以及不同的敏感期来给予他最为适宜的"营养"。

比如，当孩子的感官敏感期到来时，要尽量为他准备可以刺激他感官发育的各种物品；当孩子进入空间探索期时，则可以为他准备积木等玩具，或者带他体验各种空间；当孩子进入情感敏感期时，就要多倾听，用耐心与包容缓解他多愁善感的情绪；等等。

为孩子布置环境时，要站在孩子的角度，不要以成人的理解来判断孩子需要什么，而是要从他敏感期的发展特点以及他自身的实际需要，来决定给他准备哪些东西。而且，当孩子在妈妈准备好的环境中活动时，在保证孩子基本安全的前提下，妈妈就不要再插手阻止他的某些行为了，尽管那些行为在妈妈看来也许有些不卫生，但那却是孩子敏感期中十分重要的体验，要让他在这个环境中尽情去体验、感受。只有这样，孩子才不会因为需求被打断而产生不满情绪，他的敏感期也就不会因为我们的干涉而停滞或消失。

还有一点需要注意，那就是孩子自己就可以从复杂的环境中选择对自己的生长适宜或者必需的东西，这就是他内在的敏感性在对他进行指引。对此，要尊重孩子的选择，不要因为他进行了看似不合常理的选择而阻止他的行动，也不要强硬地让他服从你认为好的选择，你只要安静地看着他接下来的行动就可以了，他总会通过自己的各种体验来学到知识，这才是他能从环境中所得到的最大收获。

耐心等待孩子的成长，帮助他顺利度过敏感期

类似下面的这些抱怨，妈妈们熟悉吗？说过吗？

"这孩子的执拗敏感期怎么那么长呢？"

"敏感期，敏感期，什么时候能不敏感了啊？"

"好想孩子的绘画敏感期赶紧出现啊！这样就能加强对他的培养了，我希望他将来能成为一名优秀的画家。"

......

生活中很多妈妈都会发出这些抱怨或渴望，但孩子的敏感期不是人为控制的，出现或不出现，持续多久，都是孩子自然生长的结果，我们急不得，发愁也没用。

不仅如此，如果我们太强调孩子的某个敏感期，可能会使他对那个敏感期产生一种畏惧感，也许这种敏感期就会推迟到来，甚至干脆消失。而如果我们太排斥某个敏感期，孩子内心的情感也可能会因此受到伤害。

所以，我们的担心着急都是没有用的，敏感期是一段很奇妙的时间，这段时间不能被忽略，更不可能直接跳过。最好的做法就是，耐心地等待孩子的成长，陪他一起平稳顺利地度过敏感期。

快 5 岁的儿子告诉妈妈，他爱上了幼儿园的园长老师，想和她结婚。

但他很痛苦，因为不管他表现得多好，园长老师也从来都没有很特殊地对待过他。

妈妈觉得好笑，不过她没有阻止孩子这小小的"爱情"，只是偷偷地告诉了园长老师，老师答应这位妈妈，在可能的情况下，她会多和孩子聊天，对他好的表现多给予鼓励。

儿子幸福地度过了一段时光。不久，妈妈发现他似乎没有再那么频繁地提及园长老师了，一问之下，儿子很平静地回答："我已经不想和园长老师结婚了，我发现好像只有年龄差不多的两个人才能结婚。"

这位妈妈的做法就是一种耐心等待，孩子思想与情感的形成和发展都是循序渐进的，所以妈妈需要耐心地等着他成长。孩子自己会逐渐对世界产生认识，而事实也证明他最终的确认识到结婚的一个基本要素——两个人年龄应该相仿。

由此可见，孩子要形成某种正确观念是需要时间的，他必须要在自我成长的过程中亲自去体会、感知各种事情，那样他才算是真正有所成长。我们不能奢望他像成年人一样一下子什么都明白。

另外，我们从这位妈妈的身上还要学到一点，那就是在耐心等待孩子成长的同时，也要积极地做些什么，要有耐心地、适时地给予孩子引导、帮助与配合，这样他才能顺利地度过每一个敏感期。

第一章

不吼不叫，
探秘 0~2.5 岁孩子的敏感期

从无到有，由小到大，孩子每一个成长瞬间，都有着无穷的秘密值得妈妈去探索、去发现，以正确合理地应对。比如，孩子在两岁半之前，会经历视觉敏感期、语言敏感期、听觉敏感期、口的敏感期、手的敏感期、行走敏感期、渴望爱的敏感期等。在此期间，他可能会模仿他人说各种或好或坏的话，甚至乐于说脏话，还有可能会出现"口吃"现象，他会对噪声特别敏感，喜欢听妈妈腔，喜欢吃手，越是阻止就越喜欢吃，他还可能会冷不丁地咬人、打人，他也特别喜欢捏软的东西，更爱玩水、玩沙，还会对有坡的地方特别感兴趣，甚至哪里不平走哪里、哪里脏乱走哪里、哪里有水洼走哪里……这一切"异常"行为对于这个年龄段的孩子来说，都是特别正常的，是他在儿童敏感期里的正常表现，也是他身心健康成长的重要表现。一旦探明了孩子这些成长的秘密，我们还会冲他大吼大叫吗？我们以前"赐予"孩子的那些吼叫，是不是冤枉他了呢？

一、

视觉敏感期

眼睛被称为"心灵之窗"，在人的所有感觉发育中，视觉可以被看成是其他感觉的基础，有了视觉，触觉、嗅觉等感觉才会更加清晰具体。所以，妈妈要抓住孩子视觉发育的关键期，不吼不叫地培养他的视觉能力，从而更好地促进他认知能力的发展。

1. 眼睛是心灵的窗户，读懂孩子的视觉敏感期

人有五感——视觉、听觉、嗅觉、味觉、触觉。五感之中，视觉最先发育。事实上，在孩子还是胚胎时，眼睛的结构就已经形成，其视神经以及与视觉相关的中枢神经系统的联结通道也已经打通，这时只需要一个必要的视觉刺激，使视觉神经通路形成回路，就能激活孩子的视觉能力。

孩子出生后，外界的光线会使其视觉被激活，这时的孩子具有对光的敏感性，会将眼睛朝向有光亮的地方。只不过这时他的视觉能力并不发达，虽然会看向光源地，可一旦光源发生了运动，他的目光并不会追随其移动。

随着孩子一天天地成长，他的视觉能力不断地发展，尤其是对光的敏感性会日益增强。比如，有光从孩子眼前掠过，他会眯起眼睛；一旦光线突然加强，他还会下意识地闭上双眼；即便是在睡觉时，从暗处突然转移到亮处，或者突然在黑暗的屋子里打开灯，孩子也会作出反应。

可以说，孩子从一出生就进入了视觉敏感期，这个敏感期会一直持续到两岁半左右。这是孩子的第一个敏感期，也是他人生成长的第一个台阶。如果他能顺利地迈上这个台阶，他日后其他方面的发展也会更加迅速。

有的妈妈对此并不在意，认为孩子一生下来就有视觉能力，根本用不着刻意去训练，到了一定时间，他的视力自然就会有所发展。其实不然，如果你在最初没有重视孩子视觉敏感期的保护与训练，也许就会给孩子造成终生遗憾。

美国哈佛大学的研究者们曾经对视觉敏感期进行过研究，他们发现一个一只眼睛患有先天性白内障的孩子尽管进行了白内障手术，可是他的那只病眼依然什么也看不见。

为了研究他看不见的原因，研究者们进行了一次模拟实验。他们找来一只新生的小猫和一只成年猫，各蒙住它们的一只眼睛，人为制造一种失明状态。过一段时间拿掉遮挡物后，成年猫经过短暂的调整，那只被蒙住的眼睛的视力很快就恢复了；那只新生的小猫，尽管被蒙住的眼睛一切正常，却依然什么也看不见。

由此就证明，孩子在早期的某个特定阶段，其视觉需要一定的环境刺激，也需要足够的训练，如果总是不用或者放任不管，那么他的视力就会出现"不用则退"的现象，而他的视觉能力就会受到永久性的损伤。

所以，在孩子刚出生后，妈妈就要抓住他人生发展的第一个主要阶段，对他进行适当的视觉训练，让他能顺利度过视觉敏感期，这也是在为他将来能够有能力认识自己、认识世界打下良好的基础。

2. 孩子刚出生时会对明暗相间的地方非常感兴趣，会盯着看

——对新生儿来说，黑白相间的地方比彩色气球更有吸引力，要有意识地激发孩子的视觉感知能力

先来看这样一个案例：

有个孩子刚出生一个多月，就已经喜欢盯着一个地方看了。有一次，妈妈发现他一边吃奶一边盯着自己背后的墙壁。妈妈一开始以为孩子看的是墙壁上挂的五颜六色的小装饰画。

可她仔细观察，发现孩子的视线并不是画的方向，而是她的身后。后来，妈妈才发现，原来孩子看的是她映在墙壁上的影子，雪白的墙壁与发灰的影子形成明暗对比，孩子对此产生了强烈的兴趣。

事实上，孩子刚出生时，更喜欢看那些明暗相间、黑白交界的地方，并不是人们普遍认为的色彩鲜艳的东西。处在视觉敏感期的孩子，明暗对比强烈的事物更能吸引与维持他的注意力。而由于他的视觉发育并不完善，那些色彩鲜艳的东西对他的视力发展并不一定会产生良好的效果。

所以，为了能更好地促进孩子视力的发展，最初可以给孩子布置一个"黑白世界"。不过，我们也要学会变通，因为随着孩子的不断成长，他的视觉会渐渐地成熟起来，对周围事物的辨识度也会逐渐提高，所以要根据他的成长变化来变换周围的视觉刺激环境。

为孩子准备黑白相间的小道具

既然孩子喜欢看明暗对比强烈的事物，那么就不妨在生活中多为他准备一些这样的小道具。比如，黑白相间的国际象棋棋盘，画有黑桃、黑色梅花图案的扑克牌，黑白相间的衣服，有黑白图案的人脸画，黑白靶心图案，白底黑图卡，等等。尤其是黑白靶心图案，因为孩子为了摄取生命所需营养最早接触到的是妈妈的乳房，所以他会对靶心图案更为感兴趣。

当孩子醒着的时间逐渐增多时，就可以先将图片或小道具放在他的正前方，大概距他眼睛 25 厘米的位置，等他注意到你手中拿着的黑白物体时，再缓慢地水平或垂直移动物体，以此来吸引他慢慢地转动视线，增强他对黑白色调的敏感度。

经常带孩子体会光影相交的景象

除了为孩子准备各种黑白相间的小道具，生活中有一种天然制造明暗交替效果的东西，那就是光线。

妈妈抱着一个多月的女儿坐在树荫下乘凉，她忽然发现女儿一直盯着两人的头顶上方看。妈妈顺着女儿的视线看过去，原来她在认真地看着树叶与树叶间隙里晃动的光点，树叶与光点形成了明暗对比，她被这种景象深深地吸引了。

这就是光影交替所带来的吸引力，孩子对明暗对比的敏感性，使他除了对黑白相间的物体感兴趣之外，也喜欢看明暗相间的景象。

因此，在家时，可以抱着孩子多看看家中物品在光的照射下投射到墙上、地面上的影子，或者结合光线在墙上给他做做手影，让他体会光影相交的有趣景象；在户外时，则可以抱着孩子坐在树下，调整合适的姿势，让他能注视树叶间隙投落的点点光斑，或者让他看看你脚下的影子在阳光的照射下，随着动作的改变而改变的景象。这也同样能起到刺激孩子最初视觉能力发展的作用。不过在户外要注意的是，不要让孩子直接看向阳光，以免刺伤他的眼睛。

随着孩子的成长，增加他身边的色彩

随着孩子的不断成长，他的视觉发育也逐渐成熟。如果说两个月之前的孩子只能辨识黑白相间的影像，那么三四个月大的孩子就能辨识彩色影像了。妈妈也要随着孩子的成长，丰富他身边的色彩，比如准备各色的气球，摆放不同颜色的小玩具，经常带他出门看看大自然的颜色，等等。这也是在避免他因为总看黑白影像而产生视觉迟钝。

3. 喜欢光盘、大头娃娃、镜子、各种形状的视觉道具

——这些东西能有效吸引孩子的注意力，可以用它们组成孩子的视觉环境

处在视觉敏感期的孩子，所关注的对象都很稀奇古怪，比如光盘、镜子。在我们看来，这些东西似乎与孩子的视觉发育没有任何关系，但实际上，这些都是刺激孩子视觉能力发展的法宝。

光盘对孩子来说是一种特殊的存在，除了能播放好听的音乐、动听的故事，还能拿来刺激孩子的视觉发育。

一位爸爸喜欢收集光盘，有些废旧的光盘他没有扔掉，而是将它们用线绳串在一起做成了壁挂装饰。

一天，爸爸抱着 5 个多月大的女儿在屋子里玩耍，忽然他发现女儿总是盯着墙看，后来他发现女儿看的正是挂在墙上的光盘装饰品。每当他抱着女儿在光盘装饰品前面走来走去的时候，女儿就会认真地盯着那些光盘，还不时地笑出声音。

从那以后，爸爸便经常将没用的光盘串成长短不一的装饰品，还把它们拼在一起做成图案。结果女儿更喜欢看那些光盘了，有时候爸爸还会拿张光盘给她玩，她能拿着玩半天，一个人不哭不闹，这让爸爸觉得很神奇。

光盘具有一定的反射功能，可以映射出其他物品的影子。再加上光盘上有细密的轨道纹路，所以光线投射到上面后会产生折射或反射。从不同的角度来看，光盘就会呈现出不同的颜色以及明暗程度。而这些都恰好满

足了孩子视觉发育期的需要，所以孩子才会对它格外感兴趣。

如果家中有一些不用的光盘，可以开动脑筋，也可以用这些光盘制作出有趣的壁挂或者拼贴出各种各样的壁饰，一来装饰了屋子，二来能促进孩子视觉能力的发展。

处在视觉敏感期的孩子，对于外界所有能刺激他视觉发展的东西都会产生强烈的兴趣，除了光盘、镜子、大头娃娃，各种形状的视觉道具也同样可以吸引他的注意力，使他在关注这些物品的同时，发展视觉能力。

镜子与光盘的原理有些类似，只不过与光盘相比，镜子的反射效果要更好一些，其对外界的反射也更加直接，而且会很清晰地将孩子本身也映照出来。所以利用镜子开发孩子视觉能力的同时，还能帮孩子学着认识自我、认识世界。

可以和孩子一起看着镜子，并不断变化表情，同时引导他注意看镜子里你和他的表情。还可以握着孩子的小手让他去摸摸镜子，告诉他镜子里的小宝宝就是他，并引导他从镜子里发现与现实生活中不同的世界。

不过，因为镜子是易碎品，而且没有镜框的镜子边缘可能也很锋利。所以，也要注意保护孩子的安全，要将镜子固定好，如果镜子锋利的边缘裸露在外，要给其包上胶布，以免划伤孩子。另外，还要尽量给孩子选择镜面平整的镜子，以免镜面影像发生扭曲变形，影响孩子进行视觉辨认。

说到认识自己，除了镜子，大头娃娃也是个很有价值的视觉道具。孩子在4~8个月时，视觉进一步发育，这时他会对周围的事物开始产生认知感，对于熟悉的事物和人会产生依赖感，而对于陌生的东西和人就会出现敌对的态度。

此时，可以为孩子准备一个五官比例分布合理的大头娃娃，教他认识娃娃的眼睛、鼻子、耳朵、嘴巴，引导他在自己身上找寻与大头娃娃相同的五官。这样一来孩子就能更好地辨认自我，辨认周围的人，在这个过程中，孩子的视觉与认知能力就会得到发展。

另外，各种形状的小玩具也能起到刺激孩子视觉发育的作用。比如，各种形状的积木，孩子吃饭用的小碗、小勺、小杯子，圆球、各种形状的七巧板，等等。这些形状各异的东西会提升孩子的视觉注意力，同时也使他的认知能力得到提升。

二、
语言敏感期

当孩子牙牙学语的时候，就已经开始了他的语言敏感期。在语言敏感期内，他会更加喜欢模仿成人说话，学着打电话，爱说悄悄话，有时还会说出诅咒人的话。面对孩子在语言敏感期的种种表现，应科学引导、巧妙应对，为他未来的表达能力奠定良好的基础。

4. 读懂孩子的语言敏感期，了解其语言能力的发展历程

不少妈妈认为刚出生的婴儿不了解语言的含义，所以在孩子的婴儿时期没必要和他说那么多话，只要把他照顾好就可以了。这种认识是错误的！科学研究证明，婴儿的脑细胞在见、闻、觉、知的多种刺激下才能不断成长，从而对周围的一切产生印象。

妈妈和婴儿所说的每句话都会灌输到婴儿的头脑中，他也会对妈妈的语言作出反应。当他两三个月大的时候，会在吃饱喝足后发出满意的"哼哼"声；在他五六个月的时候，会对叠词非常感兴趣，如果妈妈反复给他念"爸爸""妈妈""爷爷""奶奶"等词语，他也会"咿咿呀呀"地回应着，其实那是他在学"说话"；当孩子一岁多的时候，就已经可以说一些简单的词语了，到了一岁半左右时，他还可以说一些简短的句子，例如，

"妈妈，我要""爸爸，吃"……

综合上述种种现象不难总结出，孩子对语言的认识是有规律的，他渐渐掌握了大量的语言，并开始喜欢表达。我们发现他会突然说出一句从未说过的话，也许我们从未特意教过他这句话，但他却完全可以掌握了，并在恰当的时候表达出来。孩子的这种表现往往让我们感到惊喜，他能够掌握的语言并不完全是我们刻意教他的，他有很强的自学能力。所以说，他天生就对语言很敏感。

一般来说，孩子对语言的敏感期会出现在 1~2 岁之间，这期间他对语言特别敏感，并能够区分周围环境中的不同声音和语言。细心的妈妈会发现，孩子不但会牙牙学语，还经常自言自语。他"咿咿呀呀"地说着大人听不懂的话，这正是孩子最初的语言雏形。此时，孩子已经正式进入语言敏感期，而多数孩子的语言敏感期会持续到 6 岁之后。

妈妈应尽量了解孩子在语言敏感期内的种种表现，掌握他语言能力的发展过程，从而引导孩子熟练地运用语言。那么，孩子的语言能力有着怎样的发展过程呢？

毫无疑问，刚出生的婴儿是不会说话的，一两个月大的婴儿通常用哭声来表达他的需求，而两三个月大的婴儿则能发出喃语声。这时，妈妈若能模仿他的发音，跟他"对话"，则能激发他对语言的兴趣。4 个月大的婴儿对于语言更加敏感，当他长到五六个月大的时候，就已经开始试着模仿成人的语言了，虽然他的发音常常含糊不清，但已经有了很明显的模仿迹象。经过反复练习，他会逐渐掌握一些词语，进而能够说出一些单词。

孩子在 2 岁以后就进入了语言爆发期，他不但开始喜欢自言自语，还爱模仿成人说话。有时，他还会说出一些诅咒性的话，比如"我打你""你去死吧"……一些妈妈为孩子在语言上的进步感到高兴的同时，也开始因为他说出的"不良语言"而感到忧虑。事实上，孩子在语言敏感期除了会说诅咒性语言之外，还有很多种特殊表现。大可不必为此感到担心，而应了解孩子在语言敏感期的各种表现和应对妙招，帮助他顺利度过语言敏感期。

5. 喜欢模仿一个词，或一应一答，不断地重复

——这不是孩子淘气，不要阻止他，要引导他模仿更优美、更精确的语言

星期五的晚上，一岁半的女儿正在客厅玩耍，妈妈在电脑前加班。突然，女儿大喊："妈妈!"妈妈听到后，"哎"了一声，然后马上跑到女儿身边，看到女儿好端端地坐在地板上，问道："宝贝，怎么了?"女儿什么也没说，只是看着妈妈傻傻地笑。

看到女儿没什么事，妈妈又回去工作。几分钟后，女儿再次大喊："妈妈!"妈妈赶紧答应——"哎"，又来到女儿身边，问女儿有什么事，女儿还是像刚才一样对着妈妈憨笑。妈妈又回到了电脑前……

这样反复几次，妈妈开始纳闷：女儿这是怎么了? 为什么总是大喊"妈妈"，又一副若无其事的样子呢?

不少妈妈都遇到过类似的情况，她们发现孩子在一两岁的时候突然喜欢重复某些词语，尤其喜欢重复"爸爸""妈妈"这样的词。这是因为，孩子发现当自己喊"爸爸"或"妈妈"的时候，就会有一个"哎"的声音回应。在得到回应后，他就会感到一种喜悦，所以，他就不断地喊"爸爸"或"妈妈"，从而不断地感受这种喜悦。

所以说，这并不是孩子故意淘气，而是他在语言敏感期的正常表现。

别因孩子老喊"妈妈"而生气

前面已经提到，孩子之所以喜欢喊"妈妈"是为了寻找一应一答的乐趣。他像发现了"新大陆"一样，发现了这件有趣的事，并且玩得乐此不疲。此时，孩子正处于兴奋和敏感的状态中，当他这样重复喊你的时候，你应该感到高兴，因为孩子已经进入了语言敏感期。

所以，面对这种情况不要生气，更不能用所谓的"教育"方法去阻止孩子的重复行为，而是应该和孩子一起玩这种一应一答的游戏。

不要以忙为理由拒绝回应孩子

有的妈妈认为自己还有很多更重要的事情要做，没有时间和孩子玩这种无聊的应答游戏，于是告诉孩子："我很忙，没事不要喊我！"这时候，孩子一定会很失望，而且因此不愿意继续重复原本感兴趣的词语，这样会导致孩子对语言的兴趣降低，无形中阻碍了他语言能力的发展。所以，不要以忙为理由拒绝回应孩子，不要轻易错过孩子的语言敏感期，而是要把握时机，正确引导，为他将来的语言能力奠定良好的基础。

改变自己，引导孩子模仿优美的语言

有时，孩子模仿的语言并不优美，这时妈妈应该反省自己的语言习惯，尽量用好的语言习惯去影响孩子。当发现孩子不断重复不优美的词语时，也不要粗暴地干涉孩子的模仿，而是应该有意识地改变自己的语言习惯，多给孩子读一些优美的句子，让孩子自然而然地改掉不良的语言习惯。

一位妈妈发现自己的儿子最近总喜欢重复几个词语——"真淘气""不听话"。于是，妈妈问儿子："你为什么总说这几个词呢？"儿子不假思索地说："你说的！"妈妈这才意识到自己平时经常说儿子"真淘气""不听话"。

妈妈心想，原来这些不优美的语言都出于自己口中。于是，她开始注

意，并多说一些积极的词语，像"宝贝乖""真听话""好孩子"等。果然，没几天儿子口中的话也换成了这些积极的词语。

孩子在模仿我们说话的时候，会受到我们语言习惯的影响。他暂时还不能区分某些词语所表达的意思是好是坏，但模仿多了就会逐渐形成语言习惯。所以，在孩子喜欢重复词语的时期，妈妈应尽量在孩子耳边说一些优美、积极的语言。

6. 发现所有的事物和人都有称呼，开始将自己的认知感觉与语言匹配起来

——认同孩子，表扬他，引导他多练习；如果匹配不正确，还要纠正他

妈妈端着菜从厨房走出来，看到 3 岁的儿子将两只手臂放在身体两边，左右摇摆地走路。

妈妈问："你在做什么？"

儿子说："我在学'摇啊摇'。"

"'摇啊摇'是什么？"妈妈问。

儿子拿来一张图片，指着图上的一只动物说："这就是'摇啊摇'！"

"哦，原来你在学企鹅走路！"妈妈恍然大悟。

儿子重复着妈妈的话："企鹅？"

妈妈点头说："是的，这种动物叫企鹅。"

儿子又像刚才一样左右摇摆地走路，妈妈故意又问："你在做什么呢？"

儿子说："我在学'摇啊摇'。"

"你说什么？'摇啊摇'？"妈妈问。

儿子立刻改口说："我在学企鹅走路。"

随着不断成长，孩子会发现所有的事物和人都有一个称呼，他会逐渐把自己的认知感觉和词语匹配起来。孩子学习词语并不是从名称中导出一个概念，而是从概念中导出一个名称。就像案例中那个 3 岁的小男孩一样，他开始用了一个词语，当妈妈教给他正确的说法之后，他很快就学会使用标准的词汇来表达。

不过，有时孩子在认识某个词语后，还不能正确地使用它，这是因为他对某些概念还不太清楚，或者是接受了错误的引导。

一位妈妈曾讲过这样一件事：

一天，我带女儿去朋友家做客，她看到我 3 岁的女儿十分喜爱，就逗她说："宝贝，叫妈妈，我给你买布娃娃。"结果，女儿真的叫了一声"妈妈"，那位朋友也真给女儿买了一个布娃娃。

当女儿第二次见到那位朋友的时候，又主动叫了她"妈妈"，朋友被逗乐了，笑着说："乖女儿，你真是太可爱了！"

显然，这位女孩在受到阿姨的错误引导后，才多次叫她"妈妈"。假如我们不能在孩子的语言敏感期正确地引导他，他就容易将人或事物的称呼错误地匹配到一起。那么，应如何引导孩子，帮助他将自己的认知感觉和语言正确匹配呢？

引导孩子进行反复的练习

你会发现，当孩子认识一种新的物品时，会反复观察或触摸物品。比如，他看到花瓶就会观察花瓶的颜色，用手去感觉花瓶的质地，甚至还可能去闻一闻花瓶的"气味"。这时，不要打断他的认知行为，而是应该告诉他："这是花瓶！"这样孩子就能将这个概念和他大脑中的感觉匹配起来。他就能对花瓶有一个形象而具体的认知，并且知道怎样称呼它。

渐渐地，孩子会认识越来越多的人和事物，通过不断地练习，他会逐渐对他所感知的事物进行组织、分类、归纳，进而形成一个概念，并与其相匹配的词语联系到一起。

表扬孩子的认知感觉和语言匹配能力

当孩子刚刚学会正确使用某个词语的时候，会因为新鲜而反复使用。比如，他懂得"猫"这个词所表达的意义后，再看到猫时，他就会指着猫重复地说："猫!"

这时，要点头认可他，并且说："是的，小猫，这是小猫。"要及时表扬他的认知感觉和语言匹配能力，从而强化孩子的认知。

及时纠正孩子的错误匹配

多数时候，孩子的认知感觉都能和语言匹配起来，但有时也会发生意外。比如在前面的案例中，那个小女孩就将"妈妈"的概念搞混了。小女孩认为凡是给她买布娃娃等礼物的人，都可以喊"妈妈"。

事实上，孩子并不笨，他也会思考，只是一时将概念建立错了，认知与语言匹配有误。此时，应该及时纠正孩子的错误匹配，认真提醒他，给他重新进行思考、分辨的机会，帮助他将认知感觉和语言正确地匹配起来。

7. 对句子表达的意思感兴趣，喜欢重复或模仿他人的话

——这是孩子语言的"高级"重复阶段，不必惊讶，跟他一起做句子表达的游戏

两岁半的男孩发烧了，妈妈带他去看医生。

医生详细询问后，说："先测一下体温。"

这时，坐在一旁的男孩立刻跟着说："先测一下体温。"

医生诊断完后，开了药方，并嘱咐妈妈说："一天服三次，每次吃

两片。"

男孩又跟着说:"一天服三次,每次吃两片。"

之后,医生每说一句话,男孩都跟着学一句。

医生被他逗笑了,说:"发烧了还这么有精神呀?"

男孩没有回答,而是继续重复:"发烧了还这么有精神呀?"

很多孩子会像这个男孩一样喜欢重复别人的话,即使你问他话,他也不回答,只是乐此不疲地重复着。有的妈妈不理解孩子的这种行为,以为他在故意淘气,甚至因此而呵斥他,对他大吼大叫。

事实上,孩子的语言就是通过不断重复渐渐学会的。每个孩子都会有"鹦鹉学舌"的过程。比如,3~6个月的孩子会发出连续的音节,6~12个月的孩子开始模仿大人的发音和音调,一岁多的孩子通过模仿和重复,已经能够掌握几十个词语。

当他对成人口中的每一句话产生兴趣,并发现每句话都能表达一个意思的时候,就会不自觉地去重复和模仿他人的语言。同时,这也说明孩子的口齿已经发展到了能够模仿整句的程度。

当他听到我们和别人聊天的时候,就会在一旁重复他认为好玩的句子;他看到我们和别人打招呼的时候,也会很自然地去模仿……

在不断模仿和重复的过程中,孩子的语言能力不断得到发展,而这种在我们看来无聊而单调的重复行为,正是孩子学习语言的重要途径之一。

允许孩子自由地模仿语言

在孩子的语言敏感期内,他模仿的语言可谓五花八门。无论是优美的语句,还是不雅的言辞,他都有可能去模仿和重复,并乐此不疲。当孩子重复文明、正常的语言时,你感觉可能还会好一些,顶多认为他有点顽皮;当孩子无意间重复了不文明的话时,有的妈妈就会马上制止,甚至大吼孩子。

其实，年幼的孩子并不能理解他所模仿的语言的含义，所以，文明的语言和不文明的语言对他来说区别并不大。他只是对某句话很敏感，并认为那句话很有意思。所以说，孩子的模仿只是单纯的模仿，他模仿出来的话并不具有什么真实的意义。

因此，你大可任他去自由模仿，不用强迫孩子不许说某句话，也没有必要冲他大吼大叫。否则，反而会强化他的这种行为。如果冷处理的话，当他对这句话的新鲜劲头过去之后，自然就不会说了。

用正确的语言习惯影响孩子

我们可能会发现，某个孩子说话的表情、语气和他的妈妈如出一辙，这是因为孩子和妈妈接触最多，他的语言习惯受妈妈影响最大。鉴于孩子超强的模仿能力，妈妈应在生活中注意自己的语言习惯，无论措词还是用句都要简单明了，这样孩子模仿到的才可能是正确的语言逻辑。

同时，妈妈也应该注意使用正面积极的语言。比如，要经常说"我相信你！""你能行！""妈妈爱你！"之类的句子，而不要常说"不可能！""你能行吗？""我不爱你了！"之类的负面语言。妈妈常说正面积极的语言不仅能使孩子养成良好的语言习惯，还有助于培养他积极乐观的心态，这对孩子的心理成长会大有益处。

跟孩子一起玩句子表达游戏

在孩子喜欢重复他人说话的敏感期内，妈妈应抓住机会，多对孩子进行一些有目的的语言训练，帮助他更熟练地掌握语言。

比如，可以和孩子一起玩句子表达的游戏。比如，在送孩子去幼儿园的时候，可以问："宝宝要去哪里？"然后继续说："宝宝要去幼儿园。"要鼓励孩子重复这句话，他在学会这句话的同时，也理解了这句话的意思，并学会了如何回答相应的问话。

还可以教孩子一些带有象声词的话。如"小猫说话——喵喵喵""小狗说话——汪汪汪""小羊说话——咩咩咩"……这样的话在孩子听来会更有意思，他模仿得也就更快。

通过和孩子一起做句子表达和重复的游戏，能够帮助孩子从单纯的模仿过渡到对语言的组织和创造上，这样也有利于开发孩子的思维能力。

8. 发现语言具有一种力量，而最能表现力量的话是诅咒

——并非孩子学坏了，我们要学会冷处理，当然也要反省一下自己

不少妈妈发现三四岁的孩子学会说"粗话"了，他会诅咒父母或者其他小朋友，有时还会自言自语地说一些"粗话"。

一位妈妈发现3岁的女儿最近脾气似乎变"大"了，稍不如意就会大喊："打死你！打死你！"边说还边挥舞着小拳头示威。不久后，她类似的语言更多了。比如，"我恨你""我踢你""你是猪头"。

妈妈感到很费解：以前女儿遇到不开心的事总是大哭，自从她3岁以后，就开始爱说各种诅咒的话。即使在高兴的时候，她也偶尔会冒出一两句"粗话"。

有一次，她听到电视里传出的音乐，就开始手舞足蹈。她跳着跳着突然伸出腿对妈妈说："我要把你踢飞了！"面对女儿突如其来的"粗话"，妈妈一时不知该如何应对……

其实，这个小女孩并不是喜欢说"粗话"，当她说出这些话语时，并不是在故意淘气，而是因为她发现某些语言比较有力量，能够与其他人产生"共鸣"。也就是说，当孩子发现他说出某些话会引起他人强烈反应的

时候，他会觉得很新奇。所以，他就愿意去重复这种行为，反复说这些"粗话"，以此获得他人的关注。

当我们发现孩子开始喜欢说诅咒的话时，不必过分紧张，也不要以为孩子学坏了，更不能因此而吼他。我们越对他的表现反应强烈，他就越喜欢这样做。

那么，面对这种情况，该如何应对呢？

尽量"漠视"孩子的诅咒

一位妈妈给3岁多的女儿穿鞋子，女儿突然说了一句："你弄疼我的脚了，坏妈妈！"妈妈先是一愣，然后马上意识到女儿已经进入诅咒敏感期了。她没有生气，而是平静地说："鞋子穿好了，我们可以出去了。"

看到妈妈对她的话没有反应，女儿似乎不太甘心，她继续重复道："坏妈妈！坏妈妈！"妈妈就像没有听到女儿的话一样，牵起女儿的手往外走。女儿忍不住了，站到妈妈面前说："我在说坏妈妈呢！"妈妈依旧平静地说："妈妈听到了，我们去超市吧。"看到妈妈一直都没什么反应，女儿觉得这个游戏不怎么好玩，于是就放弃了。

当孩子喜欢说"粗话"时，可以像这位妈妈一样冷处理。当孩子发现这些话不能引起别人的反应时，就会觉得无趣，自然也就不喜欢说了。

自我反省，寻找"粗话"的源头

孩子讲"粗话"一定是从哪里学到的，我们应从孩子所处的环境出发，寻找"粗话"的源头。我们和孩子相处的机会最多，我们的语言习惯也很容易影响孩子。身为妈妈，应该首先反省自己有没有说"粗话"的习惯，有则改之，无则加勉，要努力为孩子创造一个纯净的语言环境。

试着用良好的语言去回应孩子

当孩子说"粗话"的时候，妈妈除了尽量漠视孩子的诅咒之外，还可以尝试用良好的语言去回应孩子。

例如，孩子不高兴的时候可能会说"臭妈妈"，这时妈妈可以回应一句："我不是臭妈妈，是香妈妈，就像你一样香喷喷的!"这时孩子就有机会去重复新的、好的句子。

9. 悄悄话——孩子语言敏感期的特殊表现

——孩子用无声的悄悄话感受语言魅力，配合他，与他一起想象

妈妈在沙发上看电视，4岁的儿子跑过来，凑到妈妈耳边说了一阵悄悄话。

儿子说完后，满脸期待地看着妈妈问："妈妈，您听明白了吗?"妈妈茫然地摇摇头说："没有听到你说的是什么。"

于是，儿子又趴在妈妈肩头继续说，妈妈还是没有听到，她回头看了儿子一眼，发现儿子只是嘴唇在动，根本就没发出任何声音来。

儿子"说"完后，又问："妈妈，这次您听明白了吗?"

妈妈心想：如果再说"没听明白"，儿子一定会继续"说"悄悄话。于是，妈妈点点头，很认真地说："嗯，这次我听明白了!"

儿子听了很高兴，又跑去其他地方玩了。

随着孩子使用语言次数的增多，他会发现语言有很多种表达方式，可以平静地说，可以大喊大叫，还可以趴在耳边悄悄地说。

他发现，当和人说悄悄话的时候，人和人之间的距离更近了，而关系似乎也变得更加亲密了。于是，他爱上了说悄悄话。"悄悄话"是三四岁孩子探索语言魅力的一种方式，也许他趴在你耳边许久，却什么也没说。但当他问你"听到了吗"时，如果你的回答是否定的，他就会继续刚才的动作，直到得到肯定的回答为止。

你应了解孩子的这种心理，在他喜欢说悄悄话的敏感期，主动配合孩

子，和他一起体会语言的神秘感。

耐心倾听孩子的悄悄话

当孩子和你说悄悄话的时候，也许你正在看电视、看书或者在工作。但是，你不要因此而对孩子表现出不耐烦的态度。当他很神秘地趴在我们耳边嘀咕什么的时候，你要及时做出倾听的表情和姿势，还可以适当地表现出一种神秘感。

当孩子询问是否听见的时候，你可以笑着点点头，表示听到了。如果没有听到，你可以鼓励孩子大点儿声再说一次。

凭情景揣测孩子的意思

3 岁的女孩和妈妈在楼下散步，迎面走来一位漂亮的阿姨和妈妈打招呼。妈妈让女孩跟阿姨打招呼，女孩冲阿姨笑了笑，然后不好意思地扑到了妈妈的怀里。

阿姨走后，女孩趴在妈妈耳边说了些什么。妈妈没听见，要求女孩再说一次。女孩不好意思地笑笑，又说了一遍。妈妈这才发现，女孩只是动动嘴唇，并没有说出什么。

妈妈想了一下，随即趴到女孩耳边说："你很喜欢刚才那位阿姨，对吗？"女孩笑着又扑到了妈妈的怀里。

有时，孩子说悄悄话只是动动嘴巴，却没有真正发出声音，就像这个小女孩一样。这时，可以凭借当时的情景猜测孩子的意思，当你猜中孩子的心思之后，孩子会获得满足感，跟你的关系会更为亲密。

利用悄悄话引导孩子想象、表达

一天，4 岁的儿子又和往常一样趴在妈妈耳边说悄悄话，然后问："妈妈，听到了吗？"妈妈说："我听到了，你是不是说你很爱妈妈？"儿子先是一愣，随后很兴奋地说："是呀！"

这时，妈妈趴到儿子耳边说："宝贝，妈妈也很爱你！"听到妈妈这样说，儿子更兴奋了，他又趴在妈妈耳边说："我还很爱爸爸、爷爷、奶奶、老师、姑姑……"这次，儿子的悄悄话说了好一会儿。

就这样，儿子更喜欢说悄悄话了，他总是兴奋地和妈妈说很多悄悄话，而他的语言表达能力也有了明显的提高。

当孩子进入爱说悄悄话的语言敏感期后，可以借机引导孩子多进行想象和表达。这样可以增进亲子感情，还能让孩子发挥想象力，并提高语言表达能力。

10. 接电话，一口气说完"请问你找谁？好的，再见"

——孩子发现声音从电话里传出来，兴奋不已，引导他与电话那端的人进行沟通

"叮铃铃……"电话响了。

不等妈妈去接，3岁半的女儿就跑过去拿起电话，像连珠炮似的说："喂！您好，请问您找谁？好的，好的，知道了，再见！"说完，就挂掉了电话。

妈妈问："谁打的电话？"

女儿笑笑说："不知道！"然后就又跑去玩了。

妈妈无奈地叹口气说："唉，这孩子！"

很多三四岁的孩子都会像这个小女孩那样喜欢接电话，他们并不会听对方说什么，而是学着大人的语气一口气说完"请问你找谁？好的，再见"就把电话挂掉了。有的妈妈认为这是孩子淘气，故意搞恶作剧，所以就会呵斥孩子"不许再接电话"，甚至会冲着孩子大吼大叫地说教一番。

其实，孩子并不是故意恶作剧，只是因为他对电话产生了浓厚的兴趣。每当他看到妈妈对着电话讲话，就感到十分好奇。在他看来，这部可以发出声音的机器实在是太奇妙了，他也想拿起话筒说类似的话。对于孩子来说，这是他进行语言探索的方式之一。

有的孩子不但会接电话，还模仿大人的样子去打电话。他随手拨一个号码，然后对着话筒"大讲一番"。有时打错了电话，还会闹出笑话。

针对孩子的这种行为，妈妈应该用理解的心态来看待。要理解他的好奇心，知道这是孩子的模仿行为。当你发现孩子对电话表现出极大的兴趣时，不妨适当地引导他，教给他正确使用电话的方法，并向他传授接打电话的文明语言。

满足孩子对接打电话的好奇心

当你打电话的时候，孩子常在一旁仔细观察，有时还会伸出小手要电话。为了满足孩子对电话的好奇心，不妨试着让他参与进来。比如，鼓励他对着电话说话，或者让他和电话另一边的人打招呼，满足他对接打电话的好奇心。

即使在你不打电话的时候，孩子有时也会主动拿起话筒，拨弄电话按键。这时，可以借机给他讲解电话的原理和用途，并教给他怎样拨号和接听，并告诉他如何辨别拨号音和忙音。

教给孩子基本的电话用语

既然孩子喜欢接电话，不妨满足他的心愿。但前提是，要教会他如何接电话。平时，可以传授孩子一些接听电话的礼貌用语。

比如，接电话的时候要礼貌地问对方："您好，请问您找谁？"如果大人不在家，要告诉对方："爸爸/妈妈不在家，有什么事情需要我转告吗？"如果遇到有人打错了电话，要说："对不起，您打错了。"在准备挂掉电话的时候，也要等长辈先挂电话。

还应该告诉孩子，在拨打电话的时候，要让孩子先自报姓名。如："喂，我是××，请问××叔叔（阿姨）在吗?"

和孩子一起玩"打电话"的游戏

当孩子喜欢接打电话的时候，我们不该盲目地制止孩子的行为，而是应该满足孩子的好奇心，并抽时间和他一起玩"打电话"的游戏。

我们可以给孩子买一部玩具电话，教他记住爸爸或妈妈的电话号码，然后拨号互相打电话。当孩子拨打了正确的号码后，我们就拿起电话问："喂，请问你找谁?"通过电话交流的过程，孩子逐渐掌握了接打电话的用语。当孩子拨错号码的时候，我们可以在一旁提示他："对不起，您拨打的号码有误，请您重新拨打。"

在玩"打电话"游戏的过程中，我们可以借机和孩子聊聊天，说说知心话，这样可以拉近亲子间的距离。值得注意的是，为了孩子的身体健康考虑，我们最好不要让年幼的孩子拨打和接听手机，避免他受到过多辐射。

11. 口吃——孩子的逻辑思维能力在发展的正常表现

——别着急，别批评，要和蔼地让孩子慢点说，耐心引导他正确表达

一天，3岁半的儿子从楼下跑到家里，然后大喊："爸爸! 爸爸!"

爸爸听到儿子的声音赶紧从书房跑出来问："宝贝，什么事?"

儿子似乎很兴奋，说："爸爸，我 ……我……告诉……你……你……"

看着平时说话很正常的儿子突然口吃得这么厉害，爸爸很着急，于是大声说："儿子，你怎么结巴了? 好好说话!"

本来儿子还没意识到自己口吃，看到爸爸着急的样子，他更加着急了，结果口吃得也更厉害了。

很多妈妈都发现孩子在三四岁的时候会出现口吃的情况，这时往往会担心孩子真的会口吃，怕他一直会这样。

其实，这是因为孩子的词汇量增加了，也拥有了一定的逻辑思维能力，他希望自己能够用更准确的词语来表达自己的想法。但是，他的想法往往比他现阶段的词汇量要多得多，当他处于兴奋状态的时候，语言的储备就会跟不上思维的速度。这时，他就难以流利地表达自己的想法，于是就出现了突然口吃的现象。

孩子的这种语言能力和思维速度脱节的现象只是暂时的，所以，大可不必担心他会一直口吃。随着孩子年龄的增长，他的表达能力会不断提高，当他的词汇量足以表达他的想法时，口吃现象会自然消失。

不要讥笑、斥责口吃的孩子

当我们发现孩子出现口吃的情况时，不要讥笑或者斥责他，也不要冲他大吼大叫。如果我们刻意要求孩子好好说话，不许结巴，反而会增加孩子的心理负担，导致孩子紧张、不知所措，从而加剧口吃的程度。

放低对孩子的要求

当孩子出现口吃的情况时，我们应该意识到这是由于孩子思维快而表达能力没有跟上造成的。对此，应给孩子提供一个相对宽松的语言环境，不去一味要求他"不许口吃"。当他一时说不上来话的时候，可以给他一个微笑、一个安慰，帮助他顺利地度过这一特殊时期。

鼓励孩子"慢慢地说，别着急"

当孩子口吃的时候，不要把关注点放在孩子的"话说得怎么样"上面，而是要耐心地鼓励孩子慢慢说出来。甚至，还可以猜测孩子的语意，帮他说出想说的话，这样就可以缓解孩子的表达压力。

必要的时候，不但可以完整地帮孩子表达出他的意思，还可以将这句话重复一遍。这样做一方面可以表示对孩子的理解，另一方面还可以教孩子学会如何正确表达。

对孩子持续的口吃现象不可掉以轻心

一般情况下，孩子在语言敏感期出现口吃都属于正常现象，不需要治疗，这种现象会自行消失。但是，凡事都有例外，假如这种口吃的现象因为某些因素而一直持续的话，我们也不能掉以轻心。

如果觉得有必要，可以带孩子去正规的医院做诊疗，弄清孩子口吃是心理原因还是生理原因，然后再采取有针对性的措施去应对，以免影响孩子语言能力的健康发展。

三、 听觉敏感期

听，是孩子从外界获取信息，进而探索世界、认识世界的重要途径之一。听觉与视觉、味觉、触觉等系统紧密配合，为孩子的大脑提供所需的信息。关注孩子的听觉敏感期，培养孩子的听觉能力，对其语言能力和认知外部环境的能力都起着极为重要的作用。

12. 读懂孩子的听觉敏感期，认识孩子听觉的发展历程

刚出生的孩子有听觉吗？孩子从什么时候起对声音敏感？关于这个问题，科学家曾就刚出生一天的婴儿做过实验：

科学家用嗡嗡声和铃声两种声音来做刺激。当铃声在婴儿右侧响起的时候，他们就给婴儿吸吮糖水；当嗡嗡声在右侧响起的时候，就不给婴儿吸吮糖水。

这样几次之后，科学家发现：当铃声在右侧响起的时候，婴儿会主动将头扭向右侧；而嗡嗡声在右侧响起的时候，婴儿则不会将头转向右侧。

从这个实验中科学家得出这样一个结论：刚出生的婴儿已经具备相当的听力了。也就是说，如果对刚出生的婴儿有意识地进行听觉刺激，孩子的听觉能力就会得到相应的提高。

其实，不但刚出生的婴儿有听觉，未出生的胎儿也能够感受到声音。宝宝在母体的时候能够感受到声音的强弱，还能感受到音调的高低，而且偏爱轻柔的音乐。所以，胎教专家提倡给胎儿听轻柔的古典音乐。

胎儿在妈妈体内不但可以听到外界的声音，还习惯听妈妈的心跳。所以，新生儿在出生后不明缘由地哭泣时，很多有经验的妈妈会把孩子抱起来，让他贴在自己左侧靠近心脏的部位。孩子听到妈妈的心跳，就似乎又回到了在妈妈体内的时光，很快就会安静下来，停止哭泣。

婴儿之所以爱啼哭，原因之一是他在离开母体后，进入了一个全新的听觉环境。新环境带来的陌生感会使婴儿内心产生一种不安的情绪，啼哭是他释放这种不安情绪的方式。当他逐渐熟悉了外界的环境，他的情绪便会逐渐稳定下来。

随着婴儿身体的发育，他的听力也在逐渐发展。

刚出生的婴儿听力比较弱，只能对 50～60 分贝的声音刺激作出反应。

1 个月内的婴儿如果突然听到声音，眼睛会睁开，并且开始哭泣。

2 个月大的婴儿如果被某些声音吵醒，眼睛会自然睁开；如果他被较大的声音吵醒，受到了惊吓就会开始哭泣。

3～4 个月大的婴儿已经能够辨别声音，听到父母的吵架声，他就会感到不安；听到优美的音乐声，他就会很高兴。

5～6 个月大的婴儿头颈和眼珠的转动更加灵活了，他会扭过头去主动寻找声音的来源。如果有人和他讲话，他就会把头转过来看着说话的人。

7～8 个月大的婴儿对声音的反应更加明显，偶尔还会根据自己听到的话音模仿发音。

9 个月以后的婴儿已经能够区分声音是否有意义了。比如有人喊他的名字，他会知道是在叫他。

11 个月大的婴儿听到快乐的声音就会不由自主地手舞足蹈。

12 个月以后的婴儿就能配合声音的节奏做动作了。

18 个月以后的婴儿就能够区分不同事物的声音了，比如电话声、水壶声、门铃声，等等。

两岁左右的孩子已经具备听觉记忆能力，也就是可以和人对话了。

随着孩子听力的不断发展，他的语言能力也在不断得到提高，三四岁的孩子词汇量迅速增加，这与他平时多听他人说话是密不可分的。

在了解了孩子听觉的发展历程后，可以在培养孩子的过程中把握孩子的听力敏感期，对其进行相应的引导和教育。

13. 不喜欢静悄悄，喜欢待在有声音的环境中

——给孩子能发声的玩具，在孩子耳边摇晃小铃铛，训练孩子的听觉

有个小女孩刚满 4 个月，她醒着的时候总是爱哭。开始，妈妈以为她饿了才会哭，就给她喂奶，但是喂了没一会儿，她就哭闹起来，妈妈再次给她喂奶，但是吮吸几口，她又哭了起来。

这时电话响了，"叮铃铃"的声音传来，女孩忽然不哭了，而是将头转向声音传来的方向，原来她被声音吸引了。

妈妈接完电话没一会儿，女孩又开始哭闹，看到女儿对声音这么感兴趣，妈妈就找来一个摇铃。"叮铃铃……叮铃铃……"听着摇铃清脆的响声，女孩果然不哭闹了。

原来，女孩喜欢待在有声音的环境里。

婴儿在出生后几个月内听力就发育得很好了，他喜欢倾听周围环境中

的各种声音，悦耳的声音更能引起他的兴趣。一旦周围没有了声音，他就会自己制造声音——哭声。当周围有声音的时候，他就不会哭泣，而是安静地倾听。

不少细心的妈妈还发现，孩子在听到闹钟里的音乐和电视里的歌声时也会停止哭闹。如此看来，孩子确实喜欢待在有声音的环境中，而悦耳的声音更是能够让他情绪稳定。面对如此"爱听"的孩子，应该怎样做呢？

创造温馨的有声环境

孩子如此喜欢待在有声音的环境中，不妨为他创造温馨的有声环境。比如，可以在家里播放轻柔的音乐或者朗诵经典诗词的声音。这样平和而优美的声音能够帮助孩子稳定情绪，并满足他"爱听"的愿望。

值得注意的是，播放音乐的声音不宜过大，刚好能听到就可以，在选择音乐的时候，也要注意选择优美而欢快的音乐。不必担心孩子在有声音的环境中会睡不着，他习惯了有声环境，情绪反而更容易稳定，睡起来也就更容易了。

给孩子买一些有声的玩具

可以给孩子买一些有声玩具，比如音乐盒、拨浪鼓、摇铃等。在给孩子玩具之前，可以先让玩具在孩子面前发出声响。这样做，一方面可以让孩子了解这是可以发声的玩具，另一方面还可以给孩子做个示范，教他怎样玩。当他拿到玩具后就会自己玩耍，从而刺激自己的听觉。

为孩子摇动有声的玩具

有的孩子年龄较小，不太会玩玩具。那就可以拿着玩具在孩子面前慢慢摇动。孩子听到声音后，视线就会随着玩具移动。这时，要慢一点，配合孩子视线的移动。

这样的游戏不但可以培养孩子的听力，还能促进孩子的视觉发展。当他对某种玩具失去兴趣的时候，可以再换一种带声响的玩具。

在孩子的耳边"发声"

可以在孩子耳旁一边喊他的名字，一边慢慢远离他，然后再重复相同的动作。这时，孩子的眼神也会随着我们的脸和声音移动。也可以学一些动物的叫声或者轻轻拍手，吸引孩子的注意力。此时，孩子会寻找声音的来源，这样可以提高孩子的反应能力。

注意声音一定要轻柔

无论是给孩子玩有声的玩具，还是做出声响吸引孩子，都要特别注意：声音一定要轻柔、动听、悦耳。如果发出的声音比较刺耳、恐怖，孩子会感到厌恶。虽然我们要用声音去吸引孩子的注意力，但也要注意观察孩子是否对这种声音感兴趣。如果孩子表现出对某种声音的不耐烦，甚至是哭闹，就要停止这种声音。

14. 孩子的"声音世界"与成人不同，他也会对噪声敏感

——给孩子故意制造点"噪声"，在"噪声"中提升孩子的听力

5个月大的囡囡动不动就啼哭，有一次妈妈用婴儿车推着她去超市，却发现囡囡变得特别乖。超市里人声嘈杂，为什么囡囡反而变乖了呢？难道她喜欢有噪声的环境？

其实，不只是婴儿喜欢待在有噪声的环境中，三四岁的孩子也会对噪声特别敏感。

一天晚上，4岁的男孩刚睡下，就从房间跑出来，说："妈妈，外面有奇怪的声音。"妈妈仔细听了一会儿，什么声音也没听到。于是对儿子说："哪有什么声音啊，你快去睡觉吧！"

男孩走了，妈妈刚要睡，他又来敲门："妈妈，外面真的有声音!"妈妈只好起床，顺着儿子指的方向去查看。男孩拉着妈妈走到窗前，说："听听……"

妈妈见儿子如此认真，就陪他一起听，但妈妈确实没听到什么奇怪的声音。于是，妈妈把他抱起来，打开窗户让他看窗外有什么。窗外远处的大街上除了偶尔经过的汽车，没有任何东西发出声音，汽车过后四周静悄悄的。

找不到奇怪的声音，妈妈送男孩回房睡觉。她给儿子盖上被子，刚要离开就听到外面"嘀嗒"一声。这次妈妈听到了，在"嘀嗒"声反复几次后，妈妈推开窗仔细看，发现原来是楼上的花盆在滴水，滴到了外面的空调主机上。

不过妈妈还是有点奇怪，门窗的隔音效果很好，不刻意去听就听不到这轻微的"嘀嗒"声，儿子为什么能听到呢?

其实，妈妈之所以开始听不到而男孩能听到，是因为相对于孩子来说，成人对周围的环境更加熟悉，所以会把噪声过滤掉。而孩子对周围的环境没那么熟悉，他会比我们更加注意周围的声音。

比如，即使我们走在马路上或者在超市等嘈杂的环境中，也能清楚地听到我们想听的声音，这是因为我们对声音有选择能力，这是一个健康人听力完备的表现。但是，孩子的这种能力还不够完备，所以一些噪声会引起他的注意，还有可能影响到他，使他心绪不宁。

不过，生活中总会存在各种噪声，要如何做才能引导孩子更好地适应这种现实生活的环境呢?

不妨给孩子制造点噪声

有位妈妈，为了锻炼孩子应对噪声的能力，故意开着电视给女儿讲故事。开始，电视声音开得比较小，孩子可以听清楚故事。后来，妈妈渐渐把电视声音调大了，孩子依然能够专心地听故事。在妈妈的培养下，这个女孩的专注力提高了。

平时，可以故意制造一点儿噪声。比如将电视、收音机的声音开大一点儿；带孩子到菜市场、超市、有扩音喇叭的商店等场合，让孩子练习在嘈杂的环境中分辨自己想听的声音，并忽视周围的噪声，进而提高孩子的听力。

制造噪声也要把握个度

给孩子制造噪声是为了提高他的听力，但制造噪声也应该有度。

一天，妈妈又像往常一样打开电视制造噪声，5岁的儿子正为拼不出一个智力拼图而苦恼。儿子不耐烦地说："妈妈，安静点儿。"妈妈说："这有什么呀，你拼你的吧！"

没想到儿子发起脾气来，把拼图丢了一地，然后大哭起来。原来，儿子拼这个图好久了，一直没拼出来，本来就心情郁闷，被妈妈这样一吵更心烦了。

在给孩子制造噪声前应该先观察一下他的情绪。如果他已经烦躁不安，不能专心做自己的事情，就应该带他走出噪声环境，关闭手机、电视机、收音机、音响设备等噪声源，不让孩子再受噪声折磨。

15. 孩子喜欢妈妈用"妈妈腔"来跟自己说话

——发音清晰、语速略慢、适度重复、语句简短、内容具体的"妈妈腔"并不幼稚

一位妈妈带着3岁的女儿去公园，途中看到路边青青的小草。妈妈指着小草对女儿说："这是草。"她说话的语气就像跟成年人说话一样，平静

而不带任何感情色彩。女儿看到小草也没有表现出特别兴奋的样子。

看到女儿漠不关心的表情，妈妈蹲下来并换了一种腔调，她指着小草用"妈妈腔"说："宝贝，这是小草，绿绿的小草。你瞧！小草的颜色多美呀！"听到妈妈这样说，女儿也蹲下来仔细观察小草，她还用手去触摸小草，似乎对小草很感兴趣。

孩子都喜欢妈妈用"妈妈腔"和他们说话，不仅幼儿如此，婴儿也会对"妈妈腔"有所偏爱。

科学家曾做过这样一个实验：

他们请一位陌生的女士录了两段录音。一段是这位女士用成人的口吻对婴儿说的话，另一段则是她用"妈妈腔"对婴儿说的话。

科学家将这两段录音放给一些 4 个月大的婴儿听。他们发现，婴儿们在听到成人式的语言时，几乎没有什么明显的反应；而当他们听到"妈妈腔"的语言时，大部分婴儿都不停地转头，试图寻找声音的来源。

对此，科学家又进行了一系列的试验研究，并从中发现婴儿能够辨别出"妈妈腔"的最早时间是出生后 5 个星期。

为什么孩子都喜欢"妈妈腔"呢？科学研究发现，这是因为"妈妈腔"和孩子大脑接收信息的能力比较吻合，这样说话更容易吸引孩子的注意力，也更容易让孩子模仿。

但是，有的妈妈却担心这种"妈妈腔"的语言太幼稚，长期这样和孩子说话会使孩子养成不良的语言习惯。

其实，大可不必有这样的顾虑，"妈妈腔"和幼稚的儿童语言是有本质区别的。儿童在刚刚开始学说话的时候，会把"是的"说成"系的"，把"猴子"说成"猴儿"，这样长期下去才会养成不良的语言习惯。所以，不要跟孩子说类似于"吃饭饭""喝水水""看车车"等儿语，而要用"妈妈腔"跟孩子说"正确"的话。

那么，该如何使用"妈妈腔"跟孩子说话呢？

首先，跟孩子说话要发音清晰、咬字清楚。无论你平时用普通话还是方言和孩子交流，都要注意发音清晰，尽量做到字正腔圆，这样孩子才能更容易辨识和模仿你的语言。

其次，跟孩子说话要注意将语速放慢。虽说孩子的大脑有无穷的潜力，但他尚在发育阶段，和成人相比，他的接收和输出系统要略微慢几拍。为了让孩子更好地听懂和模仿我们的语言，在跟孩子交流的时候，一定要将语速放慢、再放慢一点儿。要有足够的耐心，将语速调到孩子想听又能够听懂的程度，只有这样，跟孩子的沟通才是真正有效的。

再次，跟孩子交流要适度重复。学会使用"妈妈腔"就要善于在讲话时有技巧、有耐心地适度重复。也许我们说一遍，孩子还不太明白，但是只要适度地重复一下，孩子也许就明白了某句话的含义。

最后，跟孩子说话要语句简短、内容具体。太长的句子是说给成人听的，孩子还不具备区分中心语、状语、定语的能力。所以要让孩子理解我们说的话，就要尽量把句子说得简短些。虽然句子简短，但内容要具体。

比如，我们想问孩子在幼儿园吃的什么，可以问："中午在幼儿园吃的是米饭还是馒头？"如果我们只问："你今天吃的什么？"这个问题对于孩子来说就有点抽象，他分不清我们问的是哪顿饭，也不知道我们问的是吃的什么饭，还是吃的什么菜。所以，要注意用更具体的方式和孩子交流。

总而言之，"妈妈腔"可以帮助我们更有效地和孩子交流，虽然叫做"妈妈腔"，但这种说话方式并不是妈妈的专利。爸爸、爷爷、奶奶都可以说"妈妈腔"，只要掌握了"妈妈腔"的语言特点就可以了。

值得注意的是，使用"妈妈腔"也是有时间限制的。一般来说，孩子6岁后听觉敏感期和语言敏感期都过了，他的思维能力和理解能力也有了很大的提高。这时，就不需要再用"妈妈腔"跟孩子交流了，直接跟他进行正常的交流即可。

四、口的敏感期

口是孩子最早使用的一种感觉器官，同时也是他最早的探索器官，口的敏感期可以说是孩子认识世界的第一步。所以，要重视孩子口的敏感期，帮孩子通过口来唤醒他身体其他部分的力量，并引导他从口开始，带着一种愉快的心情来开启感知世界的旅程。

16. 读懂孩子口的敏感期，认识口肩负的重要使命——感知世界

大家可能遇到过类似下面这样的场景：

几个月大的孩子，总是十分努力地把手放进嘴里，既专注又很享受地吮吸。如果妈妈把他的手强行从他的嘴里拿出来，孩子就会哭闹不止。

这时，如果妈妈认为孩子是因为不舒服，或者是拉了、尿了而哭，就试图去验证的话，大概都不会验证成功。为什么？因为这不是孩子哭闹的真正原因。那真正原因是什么呢？其实是妈妈打扰了孩子的"工作"。是的，吃手，就是孩子的"工作"。如果妈妈再次把孩子的手放进他的嘴里，他就会停止哭闹。那这个"工作"也就得到了验证。

孩子有这样的表现，就代表他正处在口的敏感期之中。

孩子出生之后，唯一能自如使用的器官就是口。他会通过口来逐渐唤醒自己的身体。口是孩子将自己与世界连接起来的最自然的通道。

这时，孩子会用口来构建自己的大脑与心理世界，用口来探索，通过口来感知外界所有的事物。当孩子长到 3 个月大时，他极其发达的口的功能就会更明显地显现出来。

也许这个以口来感知世界的过程会一直持续好几个月，但这个过程是必不可少的，这是孩子生命初始过程中的必然。如果不小心缺失了这个过程，将会给孩子未来的发展埋下隐患。

比如，有些孩子在口的敏感期时没有得到足够的满足，那么以后他也许就会继续不自觉地、不停地吃手，随意拿别人的东西，随便捡地上掉的食物吃，或者干脆就去抢别人的东西。还有的孩子上学时，因为注意力都在食物上面而难以专心学习，等等。所以，应该尽量满足孩子在口的敏感期的需求。

孩子口的敏感期会集中出现在 0 ~ 2 岁这个阶段，而且其持续时间的长短与他所处的环境有很大的关系。

在此期间，我们要耐住性子，忍受他不断地把手和其他东西往嘴里放，要允许他用口去探索他想要探究的东西，不要因为担心不卫生，就直接阻止他用口去探索。否则，我们的阻拦可能会使孩子口的敏感期被延长，导致他到了三四岁时，可能还会经常将东西放进嘴里，依靠嘴来探索。如果实在担心这个问题，倒不如为孩子提供科学的生活环境，让他能安全、卫生地进行口的探索。

口担负着孩子感知世界的重要任务，所以要用包容的心态看待他的这一敏感期，只要允许孩子去"吃"，相信随着手的敏感性被唤醒，口的敏感期很快就会过去。

17. 什么东西都往嘴里塞，用口来实现味觉、触觉的认知

——满足孩子，给他啃的东西，理解他"用口去认识世界"

一般来说，孩子在五六个月大时就能主动伸手抓住眼前的各种东西

了，可是当他抓住之后，就会下意识地将手中的东西塞进自己的嘴里。其实，他只是想用口来帮助自己确认手中拿的究竟是什么东西。这是孩子天生就具备的一种本能。

9个月大的儿子坐在一堆玩具中间，每抓起一样玩具，他都会先放进嘴里。他的动作简直称得上是"有条不紊"：抓起东西，放进嘴里，一番啃咬之后，从嘴里拿出来，放下，再抓起另一样东西，然后重复以上的动作。他并不是在玩那些玩具，而是在一个接一个地"品尝"，他"吃"得那样专心致志，完全不理会周围的世界。

妈妈经常会观察儿子的行为，有时候也会担心他把不能吃的东西吃进去。但她很快就发现，儿子把东西放进嘴里之后，只是咬一咬，然后就把东西又吐了出来。仿佛他的嘴就是一个检验机器，只要某些东西在他的嘴里"转"一圈，他就可能知道那个东西是什么。

妈妈这才明白，孩子最初真的是用口来感知世界的。

也许在成年人看来，孩子是因为想要"吃"才会将东西塞进自己的嘴里。但实际上，对于2岁以前的孩子来说，口并不只有吃的功能，他的味觉、触觉都在他"吃"的过程中被调动起来，他会用舌头、嘴唇来帮助自己确认各种各样的物体。

不过，用口来"品尝"世界终究是存在一定风险的，因为孩子可能会将他眼前的所有东西都放进嘴里，即便是掉在地上的垃圾。所以这就需要引导孩子学会正确地去"吃"。

允许孩子自由地"吃手"

一位妈妈说："一看到女儿把手里的玩具放进嘴里，我就怕她因为吃了什么不干净的东西而生病。所以，我每次都会打一下她的小手，阻止她吃这些东西。不过，女儿太固执了，尽管我总是打她的手，还训斥她，可她依旧不停地把东西往嘴里放。这种情况已经持续好几个月了，我都觉得累了。"

孩子口的敏感期如果没有被满足，势必会锲而不舍地坚持下去，因为这是由他的生长规律所决定的。

也就是说，孩子一定会出现口的敏感期，如果阻止它出现和发展，它要么延迟出现，要么存在的时间延长。既然如此，就不如尊重这一敏感期，以一种包容的心态尊重他的发展，尽量满足他的需求，允许他自由地去"吃"，当这一敏感期顺利度过了，孩子自然也就不再把东西往嘴里放了。

为孩子准备一个相对卫生、安全的空间

孩子自身免疫力差，对外界的危险性认识不足，所以很容易将不卫生的，甚至是危险的东西放进嘴里。为了孩子能更好地进行口的探索，应该为他准备一个相对卫生、安全的空间。

比如，将孩子的玩具清洗干净，并引导他"吃"一些已经洗干净的东西。平时最好随身带一包消毒纸巾，随时给孩子把手擦干净，并尽量把他即将放进嘴里的东西也擦干净。另外，要将孩子周围的刀子、剪子等尖锐的物品，以及药片、清洁剂等不适合放进嘴里的东西拿走，放在他够不到的地方，减少不必要的损伤。

不过，这里所说的"卫生、安全的空间"是相对的，我们不能为孩子提供完全"无菌"的环境，而是要培养他自己的抵抗力，这样他的身体才会越来越强壮。所以，尤其是在清洁物品时，只需进行一般清洗就可以了，没必要进行非常严格的消毒。

适当转移孩子对"吃"的关注

虽然要为孩子准备一个相对卫生、安全的环境，允许他自由地去"吃"。可是，孩子还是可能会将石头、树叶、垃圾等各种不合适的东西拿

起来放进嘴里。为避免这种情况发生，也可以适当转移孩子的注意力。

比如，当他手中拿起了不适合放进嘴里的脏东西时，就和他一起找垃圾桶，可以和他比赛看谁找得快。这样孩子的注意力就会转移到寻找垃圾桶上，从而忘掉想要吃脏东西这件事。

18. 孩子会吃手，会练习使用牙齿、舌头，这是他的工作

——不要大惊小怪，不要阻止，允许孩子去吃手

一说起"吃手"这件事，很多妈妈都会觉得头疼。你可能无数次地将孩子的手从他嘴里拿出来，而他却无数次地将手再放进嘴里去。有时你会按住孩子的手，以阻止他再将手放进嘴里，可孩子却会用哭闹来反击，不断地表达他的不满。如此一来，双方便不自觉地形成一种对峙态势，到头来，孩子得不到满足，你也觉得无比劳累。

其实，阻止孩子是没有必要的，因为孩子吃手是一种天生的需要。他会尝试用吃手这种方式来感觉口的各种能力，而口的各种功能甚至是口的极限也会在吃手的过程中被开发出来。

女孩4个月大时，总是会把手放进嘴里不停地吮吸。妈妈发现女儿的这个"爱好"之后，并没有予以阻止，而是在一旁认真观察。每次，她都看着女儿将手指头一个接一个地轮流塞进嘴里，有时候还会将小手整个都塞到嘴里去，尽管口水会顺着手流下来，可她自己却玩得很开心，一副轻松而又满足的表情，妈妈觉得这个场景真是又奇妙又可爱。

在孩子看来，吃手是一件很快乐的"工作"。我们都很讨厌别人打断我们的工作，那么孩子也一样，他很反感别人打断他吃手这项"工作"。

所以，不如让孩子尽情享受这种吮吸的快乐，让他全身心地投入到吮

吸这项"工作"中去，彻底满足他口的敏感期的发展需要。

尽量不过分关注孩子吃手的问题

有的妈妈一到这个时候就会格外关注孩子的吃手问题，总是特意看着孩子，一看到他吃手，就立刻把他的手拿出来，或者把他的手打掉。有的妈妈认为孩子吃手是一种毛病，必须从第一次开始吃时就纠正他。

这完全没必要。正确的处理方式应该是尽量不关注孩子的这种吃手行为，尤其是不要出现心理负担，也不要感到紧张、不舒服，而是要转移一部分注意力到自己身上，专心做好自己正在做的事情就可以了。

帮孩子更舒服地去吃手

孩子处在吃手的敏感期时，有时候会由于各种原因而无法更舒服地吃手，这对他这一敏感期的发展是不利的。

妈妈发现两个月大的儿子最近总是不停地扭动，还发出委屈和抗议的哭声。她仔细观察了两天，才发现儿子是想要把手放进嘴里，可是衣服袖子太长，他吃不到手，这才表现出了不满。

深知孩子处在口的敏感期的妈妈，连忙给儿子换上了一件短袖衣服，好让他顺利地将手放进嘴里去，而吃到手的儿子果然比之前安静了许多。

为孩子创造良好的吃手条件，使他能更舒服地吃手，是帮他顺利度过吃手阶段最好的做法。最好为他穿上便于将手臂举起来的衣服，帮他把手清洗干净，及时给他修剪指甲，然后安心地看他尽情享受吮吸的快乐就可以了。

不要用语言吓唬、约束孩子

"再吃手，手就掉下来了。""手上有好多小虫子，吃进肚子里，你就会生病。"

……

很多妈妈为了不让孩子吃手，都会用这样一些没有任何科学根据的话来吓唬孩子，孩子当时因为害怕而不再吃手，日后一旦他发现这只是谎言，就会因此而强化吃手的行为，反而吃得更加"变本加厉"。所以，从一开始就不要用语言去吓唬孩子，要允许他吃手。

另外，也不要用语言来约束孩子，比如，不要给他规定不吃手的期限，不要说"到××时你就不能吃手了，否则我就要惩罚你"。孩子吃手是自然规律，只要顺其自然就好，当他口的敏感期得到满足之后，自然也就不再吃手了。

19. 咬人——冷不丁地咬人一口

——孩子咬人并没有恶意，而是在探索，把他抱开就好了，不要惩罚他

妈妈带着两岁半的女儿在小区里和其他孩子一起玩，可不一会儿，几个孩子就闹起来了，原来他们在互相争夺一朵小野花时，女儿咬了另外一个孩子的胳膊。见此情景，妈妈连忙拉开女儿上前安慰另一个孩子，示意两个孩子拉拉手，费了好大劲才安抚好那个孩子。

后来，妈妈想起来，最近一段时间女儿似乎很喜欢咬东西，桌子、盘子、勺子、沙发坐垫、毛绒玩具……所有能放进她嘴里的东西，她都要咬一咬。妈妈为此也感到头疼，但如今她发展到了咬人的阶段，这倒真让妈妈感到着急了。

其实，在口的敏感期中，大多数孩子都会出现"咬人"的行为。但需要首先确定，这时孩子咬人并不是故意的，也不是他不乖的表现，不能严厉地训斥、吼叫甚至打骂孩子，要理解他，并采取合理的应对方式。

一般来说，孩子的这种咬人行为会随着他的生长发育逐渐消失。不过，对于不同年龄段的孩子，可以针对不同的咬人目的来给予他引导。

5～7个月的孩子咬人，往往是因为感到嘴里不舒服，或者是由于出牙所带来的难受感，又或者是在用口来探索。比如，有的孩子在吃奶的时候，会出其不意地咬妈妈一口，这是一种无意识的行为。这个年龄段的孩子无法确切地识别他人的表情与反应，所以无法理解咬人是不应该的做法。

那么，这时就不要与他计较了，而是要帮助他缓解口中的不适感，满足他想要咬一咬的欲望。可以给孩子提供各种质地可以咬的物品，比如，婴儿口咬胶，或者是干净、安全的各种材质的其他物品，等等。

8～14个月的孩子，已经可以自如地操控自己的情绪了，而且对有些事也能理解了。这时的孩子有时会咬父母、亲人，有时则会咬其他孩子，但他同样也是不带恶意的，在他看来这只是一种情绪的表达。面对这样的孩子，要明确地告诉他"不能咬人"。

有的孩子在1岁时喜欢咬人，他的妈妈每次在孩子咬她时，都会紧皱着眉头，做出疼痛不已的表情，并提高声调告诉孩子："妈妈好疼！宝宝不能咬人啊，只能咬食物，不然你看妈妈疼得好难受！"每次她这样说的时候，孩子都会看着她，虽然并不十分明白妈妈说的话，可他却看懂了妈妈的表情，于是咬人的次数也就逐渐减少了。

采用这样的表情和声调，是在用肢体语言向孩子解释，被他咬的人会感到很痛苦，孩子就能从妈妈的表情动作中体会到他人因为挨咬而感到不高兴，这也能减少孩子咬人的行为。但是，在做这种表情或动作时不要用嬉笑的态度，否则孩子可能会误以为妈妈在逗他，他也许会觉得这是个好玩的游戏，反而咬得更加厉害。所以，妈妈应该真实地将自己的感受表现出来，敏感的孩子会察觉到这种不适。

另外，还可以和孩子多做做游戏，给他提供各种物品，允许他尽情地咬，使他从中获得咬的乐趣，从而转移他兴奋的情绪，不再咬人。比如，可以和他一起玩蒙眼辨认游戏，给他准备好小饼干、小木条、小勺子、牙胶等物品，让他通过蒙着眼睛咬不同的物品，来辨认咬的是什么。

3 岁前的孩子可能会在情绪低落时，或者自己的意志被他人违背时，又或者是想要控制他人的时候，突然用咬人来表达他的情感。比如前面事例中的那个女孩，因为和伙伴们争抢一朵小野花，眼看自己得不到，就开始咬人。

此时，应该及时制止孩子的这种行为，可以尽快带她离开那个发生争执的场合。如果两个孩子发生争抢，也要尽快将他们分开，或者多给孩子们准备一些可玩的东西，减少彼此的争执。

虽然孩子咬人并不是不乖的行为，但是如果孩子已经超过 3 岁还依然咬人的话，就要注意了。比如，有的孩子和他人打架时就会咬人，还有的孩子一旦感觉自己的安全受到了威胁，也会用咬人来保护自己。这有可能是孩子不能很好地控制自己情绪的表现，也可能是他的情绪表达出了问题，如果父母觉得自己无法处理，最好向专业医生求助。

五、手的敏感期

孩子为什么总爱打人，爱抓人、挠人，甚至狠狠地拽妈妈的头发？孩子为什么总是爱扔东西，喜欢抓软东西、捏东西？孩子为什么喜欢用手玩水、玩沙？其实，这些都是孩子处于手的敏感期的正常表现，他只是通过手去了解事物、熟悉环境、探索世界。

20. 读懂孩子手的敏感期，了解手部的发育历程

有人说："手的动作代表着孩子的智慧。"的确是这样，因为大脑中有很多专门处理手指、手背、手心、腕关节的感觉和运动信息的细胞，大脑

中用来处理来自手的感觉信息和指挥手部动作的细胞所占比例最大。手的动作越精巧、越复杂，就越能在大脑皮层建立更多的精神联系，从而使大脑变得更灵活、更聪明。

可以说，灵巧的双手能够刺激大脑的进一步发育，而大脑的发育也可以使手的灵活性得到进一步提升。

对于刚出生的婴儿来说，他唯一能使用的"工具"就是口。当他第一次把手伸进嘴巴里的时候，口就唤醒了"沉睡"中的手，他的感觉中心慢慢从口转移到了手，开始吮吸手指，并投入地玩弄自己的小手。

慢慢地，孩子又经历着一个从单纯地玩手到抓、拿、扔、捏的过程。当他能一把抓起某样东西的时候，就体验到手可以拿东西的美妙。于是，他就更加急切地用手感受周围的事情，见到线就拽，见到圆的就滚，见到软东西就捏，见到硬东西就扔……同时，他开始尝试着用食指和拇指捏起某样东西。

对于稍大一点的孩子，用手抓东西已经成了一件再容易不过的行为了，而对于婴儿这个充满好奇的"探险者"来说，周围环境就是一个没有被探索的新大陆，一切能走到的地方、能够得着的东西都是他玩耍的对象。

这些都是孩子的天性使然，是由他的年龄和不同阶段手的敏感期所决定的。而孩子用手去摸、抓、捏、扔、拽，不是一个简单的动作，而是有目的的探索世界的行为，是感知一切用手能接触到的事物以及区分它们之间差别的行为。

可以这样说，孩子正在验证手的能力，而触摸能力的进步预示着大脑发育的进程，意味着他正在构建自己的内在世界。

事实上，孩子的小手发育是有年龄特点的。我们只有了解了孩子手部的发育历程，才能更好地帮助他度过手的敏感期。

0～2个月，孩子的手有了抓握反射，会反射性地抓住放入手中的东西，大约到了第二个月的时候，这种先天的抓握反射消失，抓握能力不如从前，这预示着他正在从被动抓握向主动抓握发展。

3个月，孩子开始玩自己的小手，并有意识地去够东西，只是距离判断不准。

4~6个月，随着视力的发展，孩子的抓握比前一阶段更具方向感了，能够在眼睛的指引下主动张开小手去抓东西，不过多数孩子仍无法灵活地活动手指。

7~9个月，孩子能够用一只手把物品或玩具拿起来，用另一只手的指尖抚摸它，然后双手轮换着玩。

10~12个月，经过不断练习，孩子对用拇指和食指配合捏取物品已经相当熟悉，注意力开始从抓握动作转向完成一些简单的任务。

13~24个月，孩子的小手更灵活了，凡是够得着的东西都是孩子探索的对象，而且，他还会创造不同的玩法，扔它、推它、压它、拍它、捏它……

25~36个月，孩子能够搭一些具有空间感的物体，画一些简单的图形，将纸折成正方形、三角形等，会自己穿衣服、吃饭，只是动作还不够精准、熟练。

手是孩子最好的感知工具，而每个孩子都会经历手的敏感期，所以，我们要更好地了解孩子、理解孩子，并根据手部发育规律，帮助孩子快乐地度过这一敏感期。

21. 打人：打妈妈的脸和头，狠狠地拽妈妈的长头发等

——孩子并非有暴力倾向，而是为了引人注意，不要给他贴"爱打人"的标签

一位妈妈很苦恼地说：

我女儿还不满1岁，但是已经会打人了，有时候打我的脸，有时候打我的头，甚至还会狠狠地揪我的头发。要是有人靠近她，她就会先轻轻地抚摸对方的脸，然后就狠狠地打一下，或者是挠一下。我除了向对方道歉外，还很自责，觉得自己没教育好孩子。

看到孩子爱打人，很多妈妈都会担心他有暴力倾向，甚至认为这是自己没教育好孩子。其实，这种担心和自责是多余的。因为，0~2.5岁的孩子正处于手的敏感期，打人是其中的一种正常表现。

通常来说，孩子在9个月左右的时候，手部的功能会有一个突然的发展，手臂到上臂的支配能力会有一个很大的突破。这时候，孩子打人，只是在体验这种能力，这会让他体验到一种前所未有的乐趣。

另外，孩子打人，可能是为了吸引父母或他人的注意力；可能是想用肢体语言表达内心的真实想法，比如，"我想和小姐姐交朋友""我不想让他拿我的东西""我不喜欢他"；也可能是情绪太过兴奋而无法控制自己；等等。

所以，不能把孩子爱打人归结为他有暴力倾向，更不要采取打骂、惩罚的处理方式，而是要理解他，用温和的态度调整他的行为。

不要对孩子的打人行为太敏感

每当孩子打人的时候，很多妈妈就会在一旁提醒他"不许打人"，教育他"打人是不对的"。殊不知，这样做反而是在提醒孩子"哦，我这就是在打人啊""我打人，妈妈（爸爸）就会特别关注我"。那么，他下次也许就会为了打人而打人，就会把打人当成吸引父母注意力的一种方法。

面对孩子爱打人的现象，我们不要表现得过于敏感、激动，而应采用一种正常、温和的态度。另外，平日里，要多陪伴孩子、关注孩子，向孩子表达我们对他的爱，满足他被关爱、被关注的心理需求。

引导孩子把真实的想法说出来

当孩子无法用语言把自己的想法传递出来的时候，他就可能会用肢体语言来表达自己的情感。这时候，要引导孩子把真实的想法说出来，可以这样对他说："你是不是不想让别人碰你？""你是不是想和小哥哥交朋友？"

当你帮助孩子把他的想法说出来之后，他就会感觉到你对他的理解，这时候，你再给予他引导和教育，他就更容易接受。

比如，孩子因为想和小伙伴交朋友而打人，那就要向他示范正确的相处之道，并告诉他："如果你想和小伙伴交朋友，可以拉拉他的手，也可以把自己的玩具拿出来和他一起玩。"如此一来，孩子也就知道以后应该如何做了，他的攻击性行为也会随之减少。

不要给孩子贴上"爱打人"的标签

一位妈妈带着两岁的儿子去广场上玩，当儿子看到邻居家的小朋友后，立即跑上前，使劲推了一下小朋友，一下子就把对方推倒了，妈妈生气地说："你怎么又推人呢？"然后，妈妈就对小朋友的家人说："这孩子就爱打人，你家孩子有没有这种情况……"

很多时候，我们可能也会像这位妈妈一样，会指责孩子的打人行为，还会当着他的面说他爱打人。其实，这是非常不妥的，因为这就好比是给孩子贴上了"爱打人"的标签，只会适得其反，让他变得越来越爱打人。

所以，不要随便给孩子贴上"爱打人"的标签，而应淡化自己内心的不满，理解他处在这一敏感期的表现。

22. 抓、扔、捏——喜欢抓软东西、扔东西、用两只手捏东西

——给孩子一些安慰物，让孩子尽情地"舞动"双手，体验手的功能

对于八九个月的孩子来说，软软的东西最能吸引他们的注意力和兴

趣。如果你给孩子两样东西，一样是软的，一样是硬的，他一般都会去抓软的。所以，孩子会对面条、香蕉、果酱、泥巴等非常感兴趣，喜欢去体验那种黏糊糊的手感。

此外，孩子还非常喜欢扔东西，这在成人看来毫无意义，但是在他的眼里却是非常新奇而有趣的。因为，在扔东西的过程中，孩子会发现不同物体被扔出去的状态和声音是不一样的。

然而，很多妈妈总是以太危险、太脏、会受伤为借口，不允许孩子去抓、扔、捏一些东西。

一位妈妈给 10 个月大的女儿喂香蕉，喂到一半的时候，她"哼哼"地扑向妈妈，用两只小手抓住剩余的香蕉，然后用手使劲捏香蕉，结果她满手都是黏糊糊的香蕉，还有一些掉在了衣服上、地板上。

妈妈一边抱着女儿往洗手间走，一边对她说："脏死了，脏死了。别捏了！"女儿根本没有要停下来的意思，仍然低头玩手中的香蕉泥。

当妈妈把女儿的手放到水龙头下面的时候，女儿这才缓过神来，努力挣脱着，但由于力气太小未能争过妈妈。当她看到自己的小手被洗得干干净净时，突然放声大哭。

当孩子发现原来的形状因为他的抓捏而变成另外一种形状时，他就会特别兴奋，小脑瓜里会想：哇，手真的好神奇啊！如果阻止孩子去抓捏软东西，破坏他正在享受的游戏，就剥夺了他用手的自由，剥夺了他认识周围事物的机会。

所以，不要拿成人的眼光看待孩子爱抓、扔、捏东西的行为，更不要阻止他，而是尊重他爱探索的本能，让他亲自体验不同事物的不同性质，从而增长见识、丰富经验。

专门给孩子开辟一个玩耍区

很多时候，我们担心孩子会随便拿房间里的物品，担心他会摔坏比较贵重的物品，担心他把整个房间都弄乱、弄脏。

如果住房条件允许的话，不妨专门给孩子开辟一块空地，作为他的玩耍区。为了孩子的安全，可以在玩耍区铺上泡沫垫，拿走一切妨碍他玩耍的东西，然后把他想玩的玩具分类放在玩耍区内，让他随心所欲地玩耍。因为有泡沫垫，所以不必担心孩子会把易碎的玩具摔坏，也不必担心孩子坐在上面会受凉。

给孩子提供一些"安慰物"

既然孩子喜欢抓、捏软东西，那么我们就提供一些类似的物品供他抓、捏。除了上面提到的香蕉、面条、面团、果酱、泥巴等，还可以给孩子准备一些小纸盒、塑料瓶之类的物品；或者准备一些既能发出响声又经摔的玩具，如弹力球、小皮球、有内置铃铛的小球（不要太小，以免入口）等。

总之，要为孩子提供一些"安慰物"，让他尽情地"舞动"双手，发挥双手的智能。

多与孩子做亲子游戏

妈妈应该尽可能地多抽出时间，与孩子做亲子游戏，从而帮助他顺利度过手的敏感期。

比如，可以把一些形状、材质、颜色不同的玩具或物品放在孩子面前，让他随便用手去触摸、抓、扔、捏；可以把一些经摔的物品拿给孩子，让他尝试着把玩具扔到别处，然后鼓励他自己去拿，或者是我们帮他拿过来；也可以和孩子互动，把物品扔给他，让他再把物品扔回来。

这个过程，不仅可以满足孩子喜欢用手抓、扔、捏东西的内心需求，还可以增进亲子依恋关系。

23. 非常喜欢用手玩水、玩沙

——玩水、玩沙对孩子有强烈的吸引力，允许他去玩

孩子对可塑性强、变化多端的物品兴趣很大，任何一种人为的玩具都无法与大自然的赐予相媲美，而沙和水就是大自然赐予孩子最好的礼物。

孩子大都喜欢在浴盆里洗澡，因为他可以一边洗一边玩，一会儿用手把水扬起来，一会儿站起来用脚使劲踩，让水花溅起来；越是下雨天，孩子就越喜欢在雨中嬉戏，使劲踩地面上的积水，哪怕淋湿了也乐在其中；看到沙堆，总是要从那"小山"上踩过去，喜欢把沙子抓在小手里，享受沙子从指缝中流出来的感觉……

对于处在手的敏感期的孩子来说，水和沙子好像有着无比强烈的吸引力。那么，孩子为什么喜欢玩水或沙子呢？

因为水和沙子是流动的，没有固定的形状，类似于一种变幻无穷的玩具。水可以静静地流淌，可以装进不同的容器，可以溅起水花，等等。沙子可以踩在脚下，可以抓在手中，可以放进水里，等等。

水和沙子形态变化多端，玩法多种多样，不仅可以满足孩子想象和创造的需求，还可以给孩子带来巨大的空间感和流动感。所以，不要担心孩子会被淋湿或弄脏衣服，而是要允许孩子玩水、玩沙。

理解孩子玩水、玩沙的行为

小区里有一个小沙堆，有个两岁多的男孩很喜欢在沙堆上玩。有时候，他会伸手抓起沙子再扔出去；有时候，他会抓起一把沙子，让沙子从指缝中流下来，落在手臂上或腿上，然后再从手臂或腿上落下来。但每次玩儿的时候，他都不能尽兴，因为妈妈总会强制他回家，而不让他多玩会儿，因为他每次玩完沙子浑身上下都很脏，指甲里都是小细沙。

虽然孩子会因为玩水、玩沙而弄脏衣服和手，但是与发展孩子的天性相比，弄脏衣服和手又算得了什么呢？衣服脏了可以洗，手脏了也可以洗，而天性丢了却无法再补回来。

所以，要理解孩子玩水、玩沙的行为，允许他自由自在地玩，而不要给他设定任何限制。当孩子玩完水或沙子之后，要引导他仔细洗手、洗澡，换洗衣服，并经常给他剪指甲。

给孩子创造玩水、玩沙的环境

面对爱玩水的孩子，可以给他准备一个盛满水的大盆和一些小船、小鸭子、小皮球等能够漂浮的玩具，让他置身于水的世界里。同时，也可以引导孩子玩出花样，比如，用手指在水中画圈，用杯子盛满水再倒进水盆里，用手拍打水面；也可以让他把一些不怕水的玩具放进水中，看看哪些玩具会沉下去，哪些玩具会浮在水面上。另外，在给孩子洗澡的时候，不要急于让他赶紧洗完，可以让他适当地在浴盆里玩玩水。

如果生活的周围没有沙堆，孩子就没有机会玩沙子。如果孩子到建筑工地的沙堆上玩沙子，是非常危险的。对此，不妨专门给孩子准备一个沙盘、小桶、小铲子等玩具，并把它们放在院子、阳台等处，这样就不会弄脏房间了。

利用玩水、玩沙，培养孩子的专注力

有一个小男孩很调皮，非常好动，但是他只要玩起沙子，马上就会安静下来。要是没人打扰他，他可以玩好几个小时。

可见，孩子玩感兴趣的游戏时，会乐此不疲，非常专心。每个孩子都会经历手的敏感期，他们也大都喜欢玩水、玩沙。我们正好可以利用这个机会，培养他们的专注力。方法很简单，就是不去打扰孩子，让他专心地玩。

六、
行走敏感期

在每个孩子的成长过程中，都会出现这样一个规律——从最初需要妈妈拉着手走，到独立行走，到上下坡、爬楼梯，再到专门走不平的地方。当孩子把所有注意力都放在行走上，并不厌其烦地行走时，就说明他的行走敏感期到来了。

24. 读懂孩子的行走敏感期，认识孩子学步的四个阶段

对于大多数孩子而言，行走敏感期大约从 8~9 个月一直持续到 2 岁以后。蒙台梭利曾经说："走是孩子的第二次诞生。"因为，当孩子尝试着迈出第一步的时候，他就开始走向独立了。也就是说，孩子行走能力的发展促进了其独立性的发展。

事实上，孩子之所以对走路如此热衷，是因为行走成为他探索、认识周围环境的一种方式。当孩子还不会走路的时候，他对周围环境的探索和认识都是被动的。比如，当孩子看到桌子上放着一个透明的小盒子时，他无法通过自己的力量去拿到它，而只能靠身边人抱着他去拿或由身边人直接拿给他。

当孩子学会了走路，情况就截然不同了，他不用依靠任何人就可以自由地去探索、认识周围的一切，他会突然发现："原来换个角度看这个世界，是这么神奇、有趣啊！"

更令孩子感到兴奋和自豪的是，当他发现某样新奇的东西时，他不再需要任何人的帮助，就可以自己走过去观察、研究了。对于孩子来说，这是一个多么大的突破啊！然而，这给妈妈带来的既有欣喜，也有担忧和烦恼。

一岁半的女儿终于学会走路了，妈妈一直沉浸在喜悦之中。

有一天，妈妈在卧室打扫卫生，女儿在客厅玩，妈妈突然听到客厅有流水的声音，便急忙跑出来看，只见女儿一只手按着饮水机的按钮，另一只手在接水玩。幸运的是，她打开的是冷水，要是热水，她那稚嫩的小手早就烫伤了。

也许，很多妈妈都有类似的经历，会常常为孩子的安全担忧。也正因如此，妈妈不愿意让孩子独立行走，而是把他放在学步车上，或直接抱着他。其实这种处理方法是不科学的。因为，如果约束孩子探索世界的行为，不给他独立行走的机会，那么，他学会走路的过程就会比其他孩子漫长，他的想象力和创造力也往往会比同龄孩子差，从而直接影响他的智力发展。

所以，在孩子学习走路的过程中，要仔细观察孩子的表现，根据他的内心需要，适时地帮助他，让他掌握这一重要的技能。当孩子学会走路之后，我们要给他自由，让他通过行走去探索周围的事物。

当然，要给孩子创造一个无障碍的、安全的环境。比如，要把地面上或者孩子能够得着的所有危险物品（剪刀、玻璃杯、热水瓶等）都收起来，给孩子穿上防滑的鞋袜，用塑料纸、布等材料把尖锐的桌子角、茶几角包裹起来，等等。总之，一切有安全隐患的东西，都要采取相应的安全措施。

另外，要认识孩子学步的过程。因为只有提前了解了孩子学步的大致过程和规律，才能有针对性地对他进行训练，从而为他迈出第一步打下坚实的基础。

孩子学步的四阶段

阶段	年龄段	项目	内容
第一阶段	11 个月左右	单手扶物	能够扶着床、桌子等支撑物站起来，甚至还能离开支撑物独自站立一会儿，这意味着他已经具备了独自站稳的能力
第二阶段	12 个月左右	站—蹲—站	能够一只手扶着支撑物，甚至一双手离开支撑物，蹲下来拿东西，然后再自己站起来，这说明他已经到了学习走路的最佳时期
第三阶段	13 个月左右	扶持迈步	能够尝试着用手扶着墙壁、床、桌子等支撑物，一点点向前挪动，或是让身边的人拉着一只手慢慢向前迈步
第四阶段	14 个月左右	独立行走	在确保安全的情况下，会大胆地摆脱一切束缚，把身体重量都放在双腿上，勇敢地迈出第一步

25. 对有坡的地方非常感兴趣，不知疲倦地行走

——孩子在探索腿脚功能，可以给他提供良好的供腿感知的环境或材料

孩子从无力翻身到四处乱爬，再到蹒跚学步，是成长历程中最重要的一个里程碑，也是最令我们兴奋的一个幸福记忆。在行走敏感期内，孩子不仅会不知疲倦地行走，还特别喜欢上下坡和上下楼梯。

最近，2 岁的儿子对有坡的地方非常感兴趣。每当爸爸带他出去玩的时候，他都会要求到一条拱形的路上玩。

对于儿子来说，上坡虽然有些累，但相对比较容易，他不用爸爸的帮助就可以自己走上去；下坡就略微有些难度了，他会紧紧地抓住爸爸的手，还会有意识地慢慢控制自己的身体，如果爸爸松开手，他就会跟跟跄

跄地冲下去。好几次，他由于下坡的速度太快而摔倒了，即便如此，他还是愿意走有坡的路。

上下坡是孩子的一门必修课，当孩子学会了上下坡，他也就真正学会了走路。这时候，孩子还没有能力扶着栏杆爬楼梯。所以，当孩子遇到楼梯的时候，他就会不由自主地俯身去爬，先用手大致判断上下楼梯之间的距离，然后再试着用脚来判断。

即便孩子在走有坡的路或攀爬楼梯的过程中摔倒了，他也会乐此不疲。之所以会这样，主要有两个原因：其一，这是他对空间探索的一种表现形式；其二，他是在培养双腿这一行走工具，从而增强腿脚的功能。

然而，很多妈妈总是担心孩子会摔倒、受伤，觉得孩子用手摸地不卫生，便会阻止孩子行走敏感期的正常发展，经常大惊小怪地喊："太危险了，快下来！""不可以爬楼梯，摔下来怎么办啊！"

事实上，孩子走有坡的路或爬楼梯，不仅能探索腿脚的功能，还能锻炼动作的协调性。如果你经常阻止孩子行走敏感期的正常发展，那么这一敏感期很快就会消失。孩子的行走敏感期一旦消失，他就会对疲劳特别敏感，可能还没走几步，就会要求你"抱抱"。

所以，一定要趁着行走敏感期这一最佳时期，培养孩子腿脚的行走能力，让他尽情地体验行走在道路上的乐趣。

千万不要"替"孩子行走

一些妈妈看到刚学会走路的孩子走有坡的路或者是爬楼梯的时候，总会出于安全考虑而选择"替"他行走——抱着孩子走路。孩子这样不会跌倒、受伤，但是却失去了通过自己的努力获得成长的机会。所以，不要"替"孩子行走，而是给他行走的自由。

调整自己的走路节奏，去配合孩子

孩子刚开始学习走路的时候，会走得比较慢，这时候，我们就要放慢自己的走路节奏去配合孩子；当孩子学会了走路之后，他就会不知疲倦、快速地走，这时候，我们就要加快自己的走路节奏跟上孩子。

总之，我们应该随时跟在孩子的后面，调整自己的走路节奏去配合他，他走我们就走，他停我们就停。唯有这样，孩子才能在行走敏感期内得到充分的发展和成长。

给孩子提供良好的供腿脚感知的环境

既然孩子喜欢走有坡的路，喜欢攀爬楼梯，我们就给孩子提供这样的环境。比如，如果周围有坡路，我们就可以专门带他去走；如果没有，也可以让孩子走走小土堆、小沙堆；如果居住的楼层不高的话，就不要乘电梯，而是带着孩子走楼梯……总之，凡是看到有坡的路或者楼梯，都要允许孩子去走、去爬。

26. 哪里不平走哪里，哪里脏乱走哪里

——即使孩子弄脏了衣服、鞋子，也应该鼓励他

当孩子学会了走路之后，腿和脚的功能就渐渐被唤醒了。在行走敏感期内，孩子有一种强烈的用脚探索的欲望。而且，在孩子的眼中，越是不平、脏乱的地方越有意思，越能激起他去探索的欲望。

刚刚下过一场雷阵雨，小区的道路上到处是不深不浅的小水坑。妈妈原本不想带女儿出去玩，但她非要去，妈妈只好依她。

到了外面之后，妈妈害怕女儿会摔倒，也害怕她会把衣服和鞋子弄脏，便对她说："来，妈妈抱，等到了广场上，妈妈再放你下来。"

女儿摇摇头，说："我要自己走。"

"那你要跟在妈妈身后，要避开这些小水坑。"

女儿点点头。一开始的时候，她还能学着妈妈的样子小心地避开小水坑，后来干脆就在小水坑里蹦来蹦去。

妈妈见状，生气地说："干什么呢？快过来。"

女儿一边蹦来蹦去，一边说："我再玩会儿。"

没想到，妈妈一下子就把女儿抱起来，径直往家走去，女儿一边挣扎一边哭闹。

这位妈妈的做法是不明智的。因为正处在行走敏感期的孩子喜欢走高低不平的路，喜欢踩那些小水坑，她需要通过这些看似"顽皮"的行为来增强腿脚的功能，来寻找地面对脚底的刺激。

所以，作为妈妈，一定要给孩子足够的自由，让他尽情释放用腿和脚探索的欲望。当然，要以保证孩子的安全为前提。

不要担心孩子会跌倒

很多妈妈不允许孩子走不平的路，是因为怕孩子跌倒。其实，这种担心是多余的。因为孩子在小时候，尤其是在探索脚腿功能的行走敏感期，不跌倒几回，几乎是不太可能的。而且，即使孩子跌倒了也没什么可怕的，顶多磕破点皮，很快便会愈合。

而且，孩子只有经历了跌倒，才能学会爬起来，才能得到真正的成长。如果孩子在应该跌倒的年龄没有跌倒，那么他很可能会在不应该跌倒的年龄跌倒。如此一来，孩子可能会承受更大的痛苦。

此外，当孩子跌倒之后，不要急于把他扶起来，不要一直问"宝宝，疼不疼""摔疼了吧"，更不要把孩子跌倒的责任推脱到他人或某个障碍物上，而是鼓励他自己爬起来，对他说"没事儿"，从而让他变得坚强起来。

不要干涉孩子走脏、乱、差的路

当孩子走在脏、乱、差的地方，或者是在小水坑里踩来踩去的时候，难免会把衣服弄脏。这时候，不能以此为理由而拒绝让他去探索，更不能冲他大吼大叫。因为，孩子的衣服弄脏了可以洗干净，而他的成长错过了就再也找不回来了。

所以，当孩子乐此不疲地在那些脏、乱、差的地方走时，尽量不要干涉他，不要阻止他，而是满足他的探索需求。当孩子探索完之后，再让他把脏衣服换下来，冲个澡，这样不就可以了吗？

不要给孩子穿会响的鞋子

如今，很多妈妈都喜欢给学习走路的孩子或刚会走路的孩子穿带有响声的鞋子。据称，这种鞋子可以提高孩子学习走路的兴趣。其实，孩子天生就具有学习走路的兴趣，根本不需要借助外物。

事实上，孩子穿带有响声的鞋子反而不利于其健康成长。孩子在学习走路或刚会走路的时候，是在用脚感知地面，那些刺耳的响声会搅乱他的心境，也会损害他的听力；由于发声设备一般都装在鞋子的后面，这就很容易让孩子走路时先将脚后跟使劲着地，如果其中一只鞋子不响的话，还容易让孩子走路一脚轻一脚重，时间一久就会造成跛行。所以，不要给孩子穿带有响声的鞋子，让他穿普通的、舒适的鞋子就可以了。

七、渴望爱的敏感期

从孩子一出生，我们就不断地给他增加营养，以帮助他更快地成长。可是，孩子不仅仅身体需要营养，他的心灵也同样需要得到滋养。而孩子心灵最好的滋补品就是我们给予他的爱。每个孩子都会出现一个渴望爱的敏感期，这时候我们就要满足他对爱的迫切需要。

27. 每个孩子都渴望得到父母的爱，读懂孩子渴望爱的敏感期

爱是这个世间最神奇的东西，是一种发自内心的情感，是世界上任何一种科学都无法彻底解释清楚的。尤其是人类的爱，可以说是世界上最丰富多彩、最复杂的一种情感了。

孩子出生后，妈妈想得最多的，就是要为他准备舒适的生活环境和最好的营养食物，但是很多时候却忽略了最重要的一点，那就是比起这些物质上的需求，孩子更需要爱。没有得到爱的孩子虽然也在成长，但他却可能从小就存在心理缺陷。

妈妈一直认为，早早地把孩子送进幼儿园去体验集体生活，会让他更早地适应外界。而且，妈妈和爸爸的工作非常忙，基本上没时间带孩子，所以，在孩子刚一岁半时，妈妈就将他送进了当地最好的一家托儿所，经常每周末才接他一次。

将孩子接回家的那两天，妈妈也只是给孩子准备好吃的、好玩的，给他买一堆新衣服、新玩具，然后下周一再将他送回托儿所。

后来，孩子终于上小学了，脾气却非常古怪，到了新环境总是喜欢惹事，而回家以后显得非常黏人，不是让妈妈抱就是让爸爸亲。

妈妈感到非常奇怪，那么早就将孩子送进了托儿所，他怎么没有学好呢？而且似乎完全没有独立能力，反而更加缠人，这可真让人想不通。

其实，孩子之所以会这样，就是因为在他最需要爱的时候没有得到爱。0~3岁，是孩子渴望爱的敏感期。处在这一阶段的孩子，会对父母所给予的爱有强烈的需求。尤其是妈妈的爱，最能让他感到安心，最能带给他安全感。因为这时他正好处于自我与外部世界建立联系的重要阶段。妈妈所给予他的爱，是让他建立这种联系的重要桥梁。如果此时得不到需要

的爱，感受不到爱，他就会产生一种不安全感，进而也就无法顺畅地与外界建立良好的联系。

蒙台梭利的育儿理念是："爱和自由，美和理想。"爱被放在了第一位，就是因为爱会成为孩子人格、心智等各方面发展最重要的基础。

有的妈妈也许会担心，如果无限制地满足孩子对爱的需求，会不会激起他的控制欲望？答案是不会。因为很多情况下，孩子只是希望能享受一下被关心、被欣赏的感觉，我们只要痛快地满足他的这种心理需求就可以了。

不过，也要注意表达爱的方式，简单的物质表达是不够的，我们要学会用心去表达爱，这样孩子的心灵才会真正受到爱的滋养，否则错误的爱只可能会导致亲情错位，反而使孩子受到更大的伤害。

28. 孩子是非常敏感的，他能感知我们的爱是有条件的，还是无条件的

——要给孩子无条件的爱，让他感受得到我们的爱

爱是帮助孩子快乐成长的最佳营养剂。孩子对爱的要求很简单，但孩子也非常敏感，即便只是很简单的要求，他也希望妈妈给予他最真切且无条件的爱。一旦妈妈在爱上施加了条件，孩子很快就能感知到爱的"不纯正"，他也许会因此而有受伤的感觉。

妈妈带着两岁多的女儿在小区里散步时碰到了单位的同事。几句闲聊之后，同事夸赞道："你家小姑娘真乖啊！听说挺早就会说话了？"妈妈笑笑说："是，她现在已经会背儿歌了。"说完，妈妈抱起女儿，温柔地说："宝贝，把前几天学会的儿歌给阿姨背背。"女儿看了看陌生的阿姨，抓住妈妈的胳膊没吭声。

妈妈在一旁继续催促说："乖！快背啊！好好背，不然妈妈可要生气了！"

但女儿依然紧闭着嘴，一句话都不说。妈妈觉得有些尴尬，佯装生气的样子说道："你怎么这么不乖呢？妈妈不喜欢你了！"哪知道她话音刚落，女儿的眼泪就掉了下来。

同事一看，连忙打圆场说："没事没事，这小家伙可能还不认识我，等我们熟悉了就好了。"

妈妈不好意思地笑笑说："这孩子，估计今天是不舒服了。"

其实孩子哪里是不舒服，她只不过是察觉到妈妈对她的爱产生了一个附加条件，妈妈因为她不背儿歌而"不喜欢"她了，所以她害怕地哭了起来。

类似这样的"爱"，很容易让孩子身处恐慌之中，同时也给了他一个暗示——只有按照妈妈的要求做好了，才可能得到妈妈的爱，否则就会被抛弃。久而久之，孩子可能会在这种有条件的爱中迷失自我。

所以，我们给予孩子的爱应该是无条件的，这样他才能在我们无私的爱之下，自由地迈出成长的每一步。

不要因为孩子表现好才爱他

"你要是不好好表现，我就不爱你了"，这可能是很多妈妈都说过的一句话，若要从妈妈的本意出发，可能只是想以此来激励孩子好好表现。但实际上，却在不知不觉中将爱当成了交换的筹码，这样的爱并不纯粹。

所以，当孩子不愿意表现的时候，不要逼迫他，可以先替他打个圆场，回到家后再问问他为什么不愿意做我们希望他做的事情。但在这个过程中，一定不要批评孩子，更不要冲他大吼大叫，不管他说出什么理由，都要理解他的感受，可以抱抱他，或者抚摸他的头，要向他传递这样一种感觉："不管你表现得好还是不好，妈妈一样爱你。"

当然，如果孩子表现得不好，就鼓励他。可以对他说"你很勇敢，我们下次能做得更好!"这样一来,孩子就会更加努力,争取下次做好。

真正接纳孩子的全部

任何孩子都不是完美的,我们不能因为孩子的不完美就不接受他,甚至给他提条件让他做到最好。只有接纳孩子的全部,才有可能给予他最真切的爱。否则,哪怕我们内心对孩子的不完美抱有一丝埋怨或者不满,对他的爱的表达都会有所保留,进而还会不自觉地给孩子施加压力。

所以,无论孩子是外向、内向,美丽、平凡,调皮、老实……我们都要完全接纳他的"本来面目",这样,爱的表达才会更完整自然,而感觉到被妈妈完全接纳的孩子,也才愿意听从妈妈的教育,并不断完善自己。

将爱与教育结合起来

只有爱没有教育,这样的爱是盲目的;只有教育没有爱,这样的教育是无情的。无论哪一种,孩子都不会喜欢。所以,我们要将爱与教育结合起来,这样的爱才是理智的,也才是更加有教育效果的。

不过,对于两岁左右的孩子来说,主要还是让他感受到爱,不要经常讲大道理。毕竟此时的孩子对我们的话还并不一定全都能理解。我们可以用关注的目光与赞赏的表情,提醒他怎样做是正确的,这样他才能在爱的鼓励下努力做得更好。

29. 孩子喜欢的是妈妈对他充满爱的感觉,并非语言本身

——对孩子说出你的爱,与他进行爱的对话

孩子在 0~2 岁时,对妈妈十分依恋,所以在这个阶段,我们要让孩子感受到爱,而不只是简单地用"我爱你"三个字来表达,要让他整个身心都产生被爱的感觉。

夏日的夜晚，妈妈带着两岁的女儿在自家小院里乘凉。为了防止女儿被蚊虫叮咬，妈妈手里拿着一把大蒲扇，以一种缓慢的速度轻轻地扇着风。与此同时，她还给女儿讲着有趣的小故事。

忽然，女儿奶声奶气地说："我爱妈妈！"

妈妈一愣，笑了笑，就听女儿继续说："妈妈爱我！"一边说，女儿一边用小手拍拍妈妈的脸，又拍拍自己的脸。

妈妈看着女儿做这动作做了好久，才最终明白她的意思，原来她是在说，因为妈妈爱她，所以她也爱妈妈，显然女儿感受到了妈妈对她的爱，所以她这是在向妈妈表达自己的幸福。

毫无疑问，这个才不过两岁的孩子，对爱已经很敏感了，妈妈给她的爱让她感到幸福，即便自己表达不清，也想要让妈妈明白。

由此可见，其实我们对孩子的爱完全不用总挂在嘴边，只要付出真心，带给他一种被爱的感觉，即便没有多说什么，他也一样可以感知我们的爱。

不要用命令的语气对孩子说话

很多妈妈对孩子都抱有一种"恨铁不成钢"的心态，即便是面对很小的孩子，在和他说话时，也依然会严厉地训斥。虽然这也算是爱的一种，可是幼小的孩子理解能力有限，根本不知道妈妈在说什么，从这些带有命令式语气的话语中，他感受到的可能只是妈妈的严厉，并由此认为妈妈不爱他。

所以，不要居高临下地训斥孩子，也不要冲他大吼大叫，即便他做错了什么，或者哪里没有做好，也要尽量用温柔的语气提醒他。两岁以前的孩子很容易从妈妈的表情中判断出情感，为了防止他误以为妈妈不再爱他了，在和他说话时最好蹲下来，让他看清楚我们的表情与动作，尤其是要用充满爱的眼神盯着他，这将使他更容易产生被爱的满足感。

多用肢体语言对孩子表达爱

对不到两岁的孩子来说，肢体语言能更好地表现出妈妈对他的情感。

可以多抱抱孩子，因为拥抱是最能让他体会到温暖之爱的方式。也可以多抚摸孩子的头发，握握他的小手，这些动作都会让孩子感到妈妈是温柔可靠的，他也会因此更愿意与妈妈亲近。不仅如此，这样一来孩子还能从妈妈的动作中学会如何向人回报爱，当妈妈拥抱他时，他也会自然地拥抱妈妈，这也有助于培养他的爱心。

接纳孩子的情感

若想让孩子感知到妈妈对他的爱，还有一种很有效的方法，就是你对他情感的认同与接纳。这个阶段的孩子情感十分丰富，希望得到妈妈的安慰，也希望能得到妈妈的鼓励。

因此，我们首先要认同他的感受。比如，他因为跌倒而感到疼，可以这样安慰他："我知道你很疼，我也感到很心疼，现在感觉好一点了吗？"当孩子尝试自己重新站起来时，你再轻轻鼓掌，送他微笑来鼓励他，他就能从你的表情和语气中体会到你对他情感的认同，也会更乐于努力战胜疼痛。

30. 孩子做出破坏性的行为，也是在表达一种爱

——在给孩子爱的同时，也要教他学会正确表达爱

一位妈妈把新买的白色连衣裙平摊在了卧室的床上，准备忙完家务后试穿一下。两岁半的儿子看见了这条白裙子，先是站在原地看了一会儿，接着就拿起了彩笔，开始在裙子上画起了线状的团团。

等到妈妈发现时，儿子已经在裙子上画了三四个线团团了，不仅如

此，儿子还笑意盈盈地说："花，妈妈，花，裙子更漂亮！"一边说还一边手舞足蹈。

妈妈终于明白了儿子想要表达的意思，他给妈妈的裙子画上几朵花，是想要妈妈的裙子变得更漂亮。可尽管如此，这么一条昂贵、漂亮的裙子还是被儿子毁掉了，妈妈顿时觉得无比心疼，她忍不住瞪了儿子一眼，埋怨道："你就调皮吧！看，把妈妈的裙子弄脏了！洗不掉了！"

妈妈的表情和语气让儿子的笑容一下子就消失了，紧接着他嘴一撇，哭了起来……

孩子的某些行为也许的确不合常理，甚至会带来破坏性的结果。但他的本意并不坏，只不过他不知道自己的这些行为会带来怎样的结果。

这个孩子其实是想要表达自己对妈妈的爱，他希望妈妈能变得更漂亮一些，所以才会只从自己的意愿出发对裙子进行"改造"。不过，这位妈妈的做法欠妥当，她对孩子的埋怨使孩子一下子产生了一种被排斥感，让孩子因为妈妈感觉不到他的真心而觉得委屈。

为了避免这种情况出现，当妈妈再看到孩子做出破坏性行为时，需要用一种有智慧的方式去应对，而且最好教孩子学会正确地表达爱。

充分了解孩子行为的原因

孩子的破坏行为都不是无端出现的，所以要尽可能了解他做出这些行为的具体原因。可以耐心地询问孩子，听听他有什么想法，然后再根据他的想法来发现他真正想要表达的意图。

在询问的过程中，要保持温柔与平静的态度，不要逼迫孩子说，也不要用极为肯定的语气来断定他就是在调皮捣乱，更不要动辄就大吼大叫，而是要顺着他的逻辑去思考，这样才能避免误解他。

不要训斥孩子错误的行为

对于孩子破坏性行为所造成的结果，妈妈通常会感到非常生气，她们希望能借由训斥、吼叫来让孩子记住自己的错误。可是，3岁以前的孩子对错误行为的严重程度是无法进行估计与理解的，妈妈的训斥、吼叫不会让他明白自己哪里做错了，只会让他产生一种"妈妈不爱我"的感觉。

所以，不要直接训斥孩子的破坏性行为，因为这样做会让孩子的内心受到伤害。妈妈完全可以用一种比较温柔的语气与孩子交流。比如，前面事例中的妈妈完全可以这样说："宝贝也想让妈妈变漂亮啊，妈妈真高兴。不过下次可以先跟妈妈说一声，我们一起想别的办法来改造这条裙子，这样妈妈就不会觉得很突然了。"这样的说法会提醒孩子有些事情需要与他人商量，不能只遵从自己的意愿去做事。

将正确的表达方式教给孩子

3岁的女儿和邻居家的小姐姐玩得正开心，女儿突然伸手向小姐姐打了过去。妈妈连忙制止了女儿，并问她："你是不是很喜欢小姐姐?"女儿点点头，妈妈接着说："那就去和小姐姐抱抱吧，告诉她，你喜欢她。"女儿听话地过去和小姐姐抱了抱，一场原本可能会爆发的小争执就这样烟消云散了。

当孩子做出错误的行为时，妈妈直接的阻止与说教可能并不能让孩子完全明白，此时，妈妈更应该运用智慧，将正确的表达方式教给孩子，使他能更好地向他人表达自己的情感。

除了像上文中的妈妈那样给孩子提建议，还要以身作则地给孩子做榜样，比如对待自己的朋友要和颜悦色，多与他人分享。同时，也要多给孩子讲讲礼貌待人、友善待人这样的小故事，让他从中受到启发，从而学会正确地表达爱。

第二章

不吼不叫，
顺应2~3岁孩子的敏感期

随着孩子的不断成长，各种敏感期也会接踵而至。对于2~3岁的孩子而言，他还会经历秩序敏感期、审美敏感期、关注细小事物敏感期、空间敏感期、模仿敏感期、自我意识敏感期等。在此期间，他会非常喜欢给物品找"主人"，乐于将所有的东西归位，不符合心意的事情、顺序不对的事情就得"重来"；喜欢做的事就重复做。比如，垒高、开关灯、藏东西的游戏等；要求食物、饭菜或用具必须完整；喜欢小线头、头发丝、纸屑、蚂蚁、小花瓣、小石子等；喜欢做插拔吸管、钥匙等插孔类动作；对"捉迷藏"情有独钟；喜欢把物体摞起来，垒高，推倒，再垒高，再推倒；喜欢玩"你扔我捡"、搭积木等游戏；爱说"不"；总是喜欢跟父母对着干，不爱分享，很自私；，占有欲强，可能会从别人那里"偷"东西，并可能撒谎……这些也都是这个年龄段孩子的正常表现，如果你试图以大吼大叫的方式反对他的这些行为，那简直是对孩子心灵成长的扼制。所以，妈妈要不吼不叫，顺应孩子的敏感期。

一、
秩序敏感期

当孩子的秩序敏感期到来时，他喜欢给物品找"主人"，乐于将所有物品"归位"；不合心意、顺序不对的事就要重来，喜欢做的事情就会重复做……这时候，妈妈要读懂孩子在这一敏感期所表现出来的行为，帮助他建立内心的秩序感，而不是冲他吼叫。

31. 秩序是生命的需要，读懂孩子的秩序敏感期

当孩子来到这个世界上时，他将面对一个相对于子宫来说更为广阔的空间，他将看到极其丰富、多样的物体。慢慢地，孩子会将周围环境中的各种物体当成是一个彼此相关的整体。孩子只有在一种有序的环境中，才能感觉到安全，才能逐渐形成对周围环境和物体的深入感知。

其实，每个孩子出生之后，内在都有一种对秩序的基本需求，并通过这个需求去认识自我，认识自我与环境之间的关系。这就是所谓的秩序感。

当孩子拥有秩序感的时候，他知道每件物品应该放在哪个地方。这就意味着，一个孩子能够适应自己所处的环境。如果孩子闭着眼睛在房间里行走，他只要一伸手就能拿到自己想要的东西，这说明他的心灵可以完全融入这个环境中。生活在这种环境中，孩子自然会感到安全、快乐。

可以说，秩序是生命的一种需要，是孩子安全感的来源之一，也是他对于事物作出准确分辨和判断的基础。这里的"秩序"，不单指物品应该放在适当的位置，还包括遵守生活规律、对物品进行分类、找出它们之间的关系，等等。

当孩子的秩序感得到满足时，他就会产生安全感，这种安全感会带给

他快乐。而孩子内心的秩序一旦被打乱，他就会产生强烈的不安全感，会以哭闹甚至生病的行为来表现他内心的不安。这就是孩子秩序敏感期的典型表现。

一般来说，秩序敏感期会出现在 2~4 岁的孩子身上。孩子通过日常生活体验，形成一种秩序，并维护这种秩序。最初的时候，孩子会因秩序被破坏而哭闹，秩序一旦恢复过来，他就会安静下来。再后来，孩子会为了维护秩序而说"不"，这说明，他的自我意识正在萌芽。到最后，孩子会为了维护秩序而执拗，一切不符合秩序的事情都要重来。

正是由于孩子对秩序有一种在我们看来匪夷所思的执着，所以有的妈妈才会将他们的行为视为任性、捣乱、无理取闹，有时还会因此而批评、斥责孩子，冲孩子大吼大叫、大发雷霆。

殊不知，当我们采取强硬措施打破孩子的内心秩序时，就会让刚刚进入秩序敏感期的幼小心灵无法体会成长的美好，甚至不再有勇气去探索未知的事物。而且，孩子从小就生活在毫无秩序的环境中，他的情绪、人格发展及专注力，都会受到影响。这就是一些两三岁的孩子无法将精力集中在某一件事情上的原因之一。

其实，从另一个角度来看，孩子对秩序的这种执着，完全可以转化为提升孩子能力的一种优势。比如，我们可以利用孩子爱归位的行为，培养他物归原处的好习惯；利用孩子爱重来的行为，培养他做事的条理性。

当孩子建立起良好的秩序感时，他就会养成良好的生活习惯，比如，他会把日常用品、学习用品收拾得整整齐齐，会给所有不在正确位置上的物品归位，会有条理地安排生活或学习中的事情，做起事情来井井有条。可以说，秩序一旦形成，就会转化为品质，并体现在生活的各个方面。毫无疑问，这种品质将会伴随孩子的一生。

所以，我们要顺应孩子与生俱来的秩序感，读懂他的每一个行为，从而帮助他更好地度过秩序敏感期。

32. 孩子非常喜欢给物品找"主人"，不用不属于自己的东西

——孩子的秩序敏感期来了，要满足他的要求，保护他的秩序感

当孩子进入秩序敏感期的时候，他对眼前这个既熟悉又陌生的环境已经有了自己的认知，他的脑海中已经逐渐形成了一些固有的"秩序"，会对物品拥有者的秩序非常敏感和执着。

在秩序敏感期内，孩子非常喜欢给物品找"主人"。比如，孩子会将爸爸经常喝水的茶杯称为"爸爸的茶杯"，会将妈妈梳头用的梳子称为"妈妈的梳子"，会将奶奶戴的老花镜称为"奶奶的眼镜"……

而且，在孩子看来，每个人都应该遵守这种"秩序"，不允许任何人使用不属于他们的东西。一旦有人使用了不属于他的东西，孩子内心的秩序就会被打乱，会因此而发脾气、哭闹，甚至强行干涉。比如，当孩子看到妈妈穿了爸爸的衣服，他就会立即要求妈妈把衣服还给爸爸。

面对孩子的这种表现，很多妈妈会认为孩子这是在多管闲事、无理取闹，所以会对他不理不睬，甚至会批评他、对他大吼大叫。然而这样做，只会让孩子变得更加焦虑、不安，不利于他深入熟悉环境、认知物品。

所以，当孩子的秩序敏感期到来时，要允许他给物品找"主人"，遵守"不用不属于自己的东西"这一规则，从而保护他内心的秩序感。

尽量满足孩子的要求

在秩序敏感期内，孩子不愿意分享自己的物品，也不允许家里人的物品随意交换使用。当孩子看到有人使用了不属于自己的东西时，他会要求大家恢复原有的"秩序"。这时候，应该尽量满足孩子的要求。

一位妈妈带着 3 岁半的儿子从外面回来，妈妈见孩子爸爸的杯子里有水，拿起来就喝，儿子拽着妈妈的衣角，大声说：“不能喝，不能喝……”

妈妈问道：“为什么不能喝呢？”

“这是爸爸的杯子，你不能用。”

妈妈知道这是儿子的秩序敏感期到了，便一边对他说，“好，妈妈不用爸爸的杯子。”一边把先生杯子的水倒进自己的杯子里，然后用自己的杯子喝。这时，儿子高兴地笑了。

在男孩看来，妈妈不能用爸爸的杯子，因为那是专属于爸爸的杯子。这位妈妈能够理解儿子在敏感期内的表现，便满足了他的要求。

有的妈妈可能会认为，这是在纵容孩子的“任性”和“无理取闹”。其实不然，满足孩子的要求，不是惯着他，也不是纵容他，而是配合他，是在帮助他度过这一敏感期。

给孩子一些专属他的物品

既然孩子喜欢给物品找“主人”，那么不妨给他一些专属的物品，从而培养他的责任心和管理物品的能力。

当你给孩子一些物品的时候，不但要告诉他这些物品都是属于他的，还要告诉他这些物品应该放在什么地方、如何摆放。一开始的时候，可以协助孩子整理好。慢慢地，孩子的脑海中就会形成一些固有的“秩序”，并会按照原来的位置去整理它们。

与孩子一起玩“给物品找主人”的游戏

平日里，可以经常和孩子一起玩“给物品找主人”的游戏。首先，要把家里人常用的一些物品拿出来，如奶奶的拐杖、爷爷的老花镜、爸爸的衣服、妈妈的拖鞋、孩子的玩具等……然后，我们拿着一件物品问：“这是谁的东西？”孩子就会回答是谁的。如果孩子回答对了，就要给予他肯定和鼓励，反之，则可以引领他回忆一下，哪个家庭成员经常用这件物品，都在什么场合、情景下使用。

这样一来，不仅保护了孩子在这一时期建立的秩序意识，还能够引导他认识很多物品，并让他了解这些物品的用处，一举多得，何乐而不为呢？

33. 乐于将所有的东西"归位"，否则就会焦虑不安、哭闹……

——孩子需要并会保护有秩序的环境，利用秩序感教他学会自理，培养规则意识

对于三四岁的孩子来说，"归位"是秩序敏感期的另一种表现。当孩子看到某件物品放置得凌乱不堪时，他仿佛收到了某种指令，促使自己去"归位"。比如，一双鞋子放在了不恰当的地方，一个 3 岁左右的孩子会突然注意到它，并把它放回原处。

如果孩子不把所有东西都"归位"，他就会焦躁不安，甚至用哭闹的方式来表达自己的不满，直到东西放回到原来的位置。

3 岁的女儿来到卧室，发现平时放在床头的布娃娃不见了，便露出了焦躁不安的表情，她不停地向四周张望，似乎在说："我的布娃娃到哪里去了呢？"她围着卧室转了一大圈，也没有发现自己的布娃娃，急得大哭起来。

妈妈听到哭声，急忙跑过来问道："宝贝，怎么了？"

女儿抽泣着说："我的布娃娃不见了。"

"布娃娃在，妈妈帮你给它'洗澡'了，它现在正在阳台上呢！"

女儿迅速跑到阳台上，看到布娃娃后，停止了哭泣，奶声奶气地说："妈妈，我要，我要。"

妈妈摸了摸布娃娃，发现它还有些潮湿，便对女儿说："它还没晒干

呢，再让它在这晒一会儿吧。"

"不，我现在就要。"

最终，妈妈用吹风机把布娃娃吹干，让女儿把它放回了原处。

这个女孩的行为，看似有些执拗、任性，其实是秩序敏感期在作祟。因为，在孩子看来，周围的环境就是一个彼此相连的整体，这已经在她的头脑中留下了深刻的印象，当她看到有东西没有"归位"时，她就会有不安全感、焦躁感，这种感觉会促使她将所有物品都"归位"。

理解孩子的"归位"行为

随着孩子慢慢长大，他会对秩序非常敏感，内心也会逐渐建立起一种秩序感。只要物品换了位置，孩子马上就会发现，并要求将其放回原位。这时候，如果我们不理解孩子的这种行为表现，而是让这些无序的环境继续错乱下去，只会让他变得焦虑不安，不利于他以后建立规则意识。所以，要理解孩子的"归位"行为，并允许他去"归位"。

有意识地给孩子创造"归位"的机会

由于孩子喜欢把一些东西放回原来的地方，不妨有意识地给他创造这样的机会，从而增强他的秩序感。

比如，故意把孩子常用的某件物品挪一下位置，让他自己去"归位"，需要注意，不要把物品拿到很远、很偏僻的地方，最好是孩子能看得到、够得着的地方。跟孩子一起玩"归位"的游戏，可以在"给物品找主人"的游戏基础上，让孩子把每一件物品都放回原来的位置。在玩这个游戏的时候，一定要找一些孩子最熟悉的、最具代表性的物品。

通过"归位"行为培养孩子的好习惯

在秩序敏感期内，孩子会把所有物品都放置在固定的位置。比如，他会把玩具归位，会把椅子归位，会把全家人的鞋子按顺序放好，会把每个人用的餐具摆放整齐……我们正好可以利用孩子的这种行为，帮助他养成物归原处的习惯，锻炼他的自理能力。

那么，当孩子安然度过秩序敏感期之后，他就已经养成了很多良好的习惯，这对他未来的成长有着积极的推动作用。

34. 不符合孩子心意的事情、顺序不对的事情就得"重来"

——不是孩子任性，也不是孩子固执，不要强行打破他内心的这种秩序

一位妈妈谈到了自己的经历：

在儿子3岁半的时候，我给他买了一套小机器人，一共有12个，样子一模一样，只是颜色不同，而它们是按照颜色顺序摆放的。

记得有一次，我帮他收拾小机器人，在往盒子里装的时候，我把顺序弄错了，他非要让我把已经装好的小机器人拿出来，然后再重新放。我觉得儿子是在故意挑毛病，便特意让他把眼睛闭上，趁机把3个小机器人换了个位置，然后让他睁开眼睛看，没想到，他又立即发现了问题，并要求"重来"。这样反复了好几次，他每次都能发现问题，并要求重新放一遍。

可见，孩子对外在的秩序非常敏感，甚至到了苛刻、固执的程度，他会敏感地意识到一些细微的改变。所以，这个男孩不是在故意挑毛病，而是秩序敏感期的一种表现。

当孩子的秩序敏感期达到某个阶段时，他就会坚持每个举动都要按照事先设定的程序进行。凡是不符合孩子心意的事情，或者是顺序不对的事情，他都会要求"重来"一遍。这可能是很多妈妈最为头疼和难熬的

时期。

其实，一旦我们了解了孩子的成长规律，读懂了他的行为特征，便不会感到头疼、难熬，反而能从中体会孩子成长所带来的乐趣。

不要强行打破孩子内心的秩序

2 岁的女儿养成了一个习惯：睡觉之前，要先脱袜子，然后脱裤子，最后脱上衣。有一次，爸爸先把她的上衣脱了下来，

她对爸爸说："不对，先脱袜袜。"爸爸一边说"先脱什么后脱什么，都一样"，一边继续给她脱裤子，最后才脱袜子。

结果，女儿大哭起来，非要把衣服穿好，再重新脱一遍。爸爸根本不理那一套，任凭她怎么哭都没有满足她的要求。最后，她哭累了，就睡着了。

从此之后，女儿再也不让爸爸给她脱衣服了。

当孩子处于秩序敏感期的时候，他的内心会有一种秩序，就像这个小女孩一样，一定要按照先后的顺序来做。如果强行打破孩子的这种秩序，就会给她带来极大的不安全感和痛苦。所以，在秩序敏感期，切不可强行打破孩子内心的秩序。

尽量满足孩子"重来"的要求

当孩子感到自己做事情的顺序被打乱而哭闹着要求"重来"时，我们一定不要觉得孩子固执、麻烦，不要对他大发雷霆，而是要了解他行为背后的真正原因。在一些非原则性的问题上，如果孩子坚持要按照自己的方式或顺序去做，就尽量满足他的要求。这样，孩子才能顺利度过秩序敏感期，得到真正的成长。

利用"重来"培养孩子做事的条理性

在秩序敏感期内，孩子会要求一切都严格按照顺序来进行，可以利用

孩子这种强烈的秩序感，培养他做事的条理性。

比如，洗漱的时候，可以先让孩子洗手，再让他刷牙，然后让他洗脸，最后让他擦脸、抹油，他一旦习惯了这种顺序，就能养成良好的洗漱习惯；吃饭的时候，要先让长辈就座，再让孩子入座，先给长辈盛饭，再给孩子盛饭。如此一来，他就会懂得"长幼有序"，从而学会对待长辈的礼节。

35. 喜欢做的事情就重复做，比如反复玩垒高、开关灯、藏东西的游戏

——这是孩子的成长方式，多陪他玩这种他觉得有意思的游戏

在孩子成长的某一阶段，你会发现，孩子对他喜欢做的事情会反复地做。比如，他会将刚刚垒好的积木推倒，然后再重新垒；他会一遍遍地跑楼梯，一遍遍地开关灯；他喜欢玩藏东西的游戏，而每次都会把东西藏在同一个地方；他会反复要求你讲同一个故事；等等。

在成人看来，不断重复地做一件事情，是非常枯燥、无聊的。但是对处于秩序敏感期的孩子而言，这并不是简单的重复，而是在用重复的方法获得内在的秩序感，感知周围的环境。

最近，3岁的儿子特别喜欢玩藏东西的游戏，而他每次都会把东西藏在电视后面。妈妈虽然知道他把东西藏在了哪里，但是她总是假装找不到，然后四处寻找，并自言自语道："这次藏到哪里去了呢？怎么找不到了呢？"

儿子等不及了，便会大声说："藏在电视后面了，妈妈快去找。"妈妈假装没听到，继续到处找，并对他说："宝贝，你藏得太隐蔽了，妈妈都找不到。"儿子生气地说："我告诉你在电视后面，你为什么不去找？"

对于成人来说，我们肯定不希望别人找到自己藏的东西。所以，这位妈妈假装找不到孩子藏的东西，以为这是孩子所希望看到的，认为他会高

兴，可事实上，孩子却非常失望。另外，如果别人很快就找到了我们藏的东西，我们下次就不会再藏在那个地方了，而孩子却每次都会藏在同一个地方。这到底是为什么呢？

原来，对于处在秩序敏感期的孩子来说，他喜欢把东西藏在同一个地方，并希望别人能很快找到这个东西。可以说，孩子把东西藏起来，就是为了让别人找到。因为，他要从中获得一种秩序感。

同理，孩子乐此不疲地玩垒高、开关灯、藏东西等游戏，也是因为他要通过这种重复的方式体验秩序带给他的快乐，并逐渐与周围的环境建立某种联系。

孩子只有顺利地度过这一阶段，他的内心才能建立秩序感，他的心智才能得到进一步发展。

此外，孩子重复做喜欢做的事情，还有助于其他方面的发展。比如，经常重复地搭积木、拼图，就有利于他建立三维立体感和空间感。

不过，"重复"只是孩子成长中的一个短期现象，当重复到了一定阶段，他就会跃升到下一个更高级的阶段。所以，要尽量满足孩子的"重复"要求，陪孩子一起玩他觉得有趣、有意思的游戏，从而让他体会到重复带来的快乐，进而帮助他度过这一敏感期。

二、

审美敏感期

随着孩子慢慢长大，我们发现孩子越来越麻烦，毛病越来越多，比如，他不吃被掰开的蛋糕或馒头，不吃带"伤痕"的水果，不用不干净、有折痕的纸张……其实，这不是孩子麻烦、毛病多，而是他进入了一个特殊的时期——审美敏感期。

36. 孩子重视事物的完整性，读懂孩子的审美敏感期

不知从哪个时刻开始，细心的妈妈发现，孩子突然变成了一个完美主义者，非常重视事物的完整性。

妈妈给2岁的女儿洗了一个苹果，妈妈觉得她不方便吃，就把苹果切成了两半，把其中一半拿给她吃。没想到，当她看到被切成两半的苹果时，一下子"呜呜"地哭了起来，说什么也不肯吃。

面对这种情况，很多妈妈都难以理解，认为这是孩子任性，因此会批评和教育孩子。其实，这里面隐藏着孩子成长的秘密——审美敏感期。

在审美敏感期到来的时候，孩子首先对食物有着特殊的要求。比如，在挑水果的时候，他一定会挑一个最完整、最大、最亮、没有斑点的水果，如果把水果切成一块块的给他吃，他就不要了。也就是说，处于审美敏感期的孩子只喜欢完整、完美的食物。

慢慢地，当孩子的注意力从食物转移到其他物品上时，会对物品的完整性、完美性提出更高的要求。比如，玩具不能被破坏，不能缺少零件；穿的衣服不能有破损，不能有褶皱；画画的时候，如果没有画到他所期望的样子，他就会把画纸扔掉，然后重新画。

在这种情况下，孩子的审美敏感期慢慢转化为追求完美的敏感期。

总之，孩子的审美敏感期是呈螺旋式发展的，从对吃的东西要求完整、完美，到对用的东西要求完整、完美。而重视食物、物品完整性的心理对于处在这一敏感期的孩子来说，完全是正常的。

那么，这对孩子而言，到底又有什么益处呢？

其实，孩子在审美敏感期所表现出来的行为，不仅是重视事物的完整性，更是在发展自己的审美智能，为将来形成审美感奠定基础。而且，这

对孩子将来的形象气质、个人魅力也有一定的影响。

从心理学角度来讲，从审美敏感期开始，孩子的一生都会处在一种对美丽、完美的探索之中。此时如果粗暴地干涉、限制他，他的审美发展就会遭到破坏，甚至会因此而停滞；相反，孩子很可能成为一个审美能力极高的人。

所以，我们必须以客观的态度，细心观察孩子的外在表现和内心需求。当发现孩子的审美敏感期到来的时候，要为他准备一个满足他成长需求的环境。当孩子获得了理解和尊重之后，他会在这个宽松的环境中自由地探索、尝试，自然也就会顺利地度过这一敏感期。

37. 要求食物、饭菜或用具必须完整，否则就不吃

——不完整或不完美的事物会让孩子感到痛苦，尽量给他完整、完美的东西

食物要完整、饭菜要干净、纸张要平整……如果不完整、不干净、不完美，就不吃、不用。这几乎是每个 2~3 岁孩子都要经历的过程。

对此，一些妈妈很容易心烦，往往会把孩子的这些表现定性为"事儿多"或"任性"，甚至不惜冲孩子大吼大叫一番。然而当这些妈妈这样想的时候，就会对孩子做出错误的引导和教育。

其实，孩子要求食物、饭菜或用具必须完整，并不是"事儿多"或"任性"的表现，而是天性的自然流露，是在暗示我们："我到了审美敏感期，我喜欢完整或完美的事物，那些不完整或不完美的事物会让我感到痛苦。"

也许，孩子吃不了一个完整的苹果，但是他一定要拥有一个完整的苹果，因为他不是为了吃而是为了拥有完整、完美的感受。那些完整的、完美的东西，总会给孩子带来精神上的愉悦。这一切都在说明，孩子的精神世界开始走向丰富。

一旦理解了孩子重视事物完整性的心理，就会读懂孩子的内心需求，就会把他的需求当成关乎成长的一次机会，进而以适当的方式满足他。

尽量满足孩子的内心需求

一家人都在吃饭，只有 3 岁的女儿嘟着嘴不吃饭。妈妈关心地问道："宝贝，怎么了？不饿吗？"

女儿指了指筷子，说："我不要用它。"

"为什么呢？"

"不一样长。"

妈妈一看才知道，那两只筷子不是一双，长短有一点差距，但是根本就不妨碍吃饭，正想对女儿说"没关系，一样能吃饭"时，突然想起了书上写的关于"审美敏感期"的问题，便对她说："好，妈妈这就给你换。"

当妈妈把一双长短一样的筷子递给女儿后，她高兴地吃起饭来。

在之前，这个小女孩也许没这么多"毛病"，不会这么"挑剔"，但是她正处在审美敏感期，哪怕有一点儿缺陷、不完美，都会让她感到不舒服。当妈妈意识到女儿可能是进入了审美敏感期时，马上帮她换了一双长短一样的筷子。

面对处在审美敏感期的孩子，要尽量满足他的内心需求，给他完整、完美的食物或物品，不要怕宠坏了他。如果我们不小心破坏了完整、完美的食物或物品，就要帮孩子恢复，或者再给他重新拿一个完整或完美的。

正确评价处于审美敏感期的孩子

当孩子处在审美敏感期的时候，他会对吃的东西或用的东西有强烈的要求。这时候，千万不要以"不正常""怪异"等词语来评价他，而是要迎合他的内心感受。

比如，孩子喜欢吃完整的苹果，那就一边给他挑选苹果，一边说：

"给宝贝挑一个最大、最好的苹果。"当你把苹果拿给孩子的时候，可以说："你看，这个苹果多红啊，看着就很甜。"如此一来，孩子就会非常高兴，进而顺利度过审美敏感期。

对孩子进行恰当的审美教育

孩子既然喜欢完整、完美的事物，那就可以借此机会对他进行审美教育，在帮助他发现美、欣赏美的过程中，有意识地让他用眼睛看、用耳朵听、用鼻子嗅、用双手触摸……

比如，可以在孩子视觉所触及的范围内，悬挂一些简洁明快的图片、色彩鲜艳的气球、形象可爱的玩具，并让他多听优美的音乐；可以经常带孩子到大自然中，去看看绿草、河流、花蝴蝶、小蜜蜂，去听听小鸟、知了的叫声，去闻闻各种花的味道；等等。

此外，也可以在游戏中对孩子进行审美教育，比如，和孩子一起玩搭积木的游戏，可以建造一间小房子、一座立交桥、一座城堡等，从而让他感受建筑中的艺术美；和孩子一起做手工，给他准备手工剪刀、彩纸等材料，让他根据自己的想象，折出或剪出属于自己的作品，让他通过思考和实践把自己对美的理解付诸行动。

三、
关注细小事物敏感期

两三岁的孩子对细小的事物特别感兴趣，他喜欢观察地上的小蚂蚁、小线头、小石子、小花瓣，甚至连掉在地上的面包屑也会引起他的注意。这标志着孩子进入了关注细小事物的敏感期，越是细小的事物越会引起他的兴趣，对于此时的孩子来说，"小事"就是"大事"！

38. 孩子的视野与成人不同，读懂他关注细小事物的敏感期

一段时期内，孩子的手里总是攥着一些小东西，一小片面包屑、一根头发丝、一个小纸片、一颗小豆子，等等。而床边的一个小线头、地上的一片小花瓣、一只爬得慢悠悠的毛毛虫在他眼里也成了"至爱之物"。

为什么他不去关注精致的水枪、美丽的布娃娃，却突然对这些微不足道的小玩意儿产生了如此浓厚的兴趣呢？这是因为，他关注细小事物的敏感期来了！

有个2岁的男孩蹲在地上低着头半天不动，妈妈走过去才发现原来他在观察石板缝里一棵刚冒出芽来的小草。

男孩一边看，一边用手抠弄着旁边的泥土。不远处，就是一片茂盛的冬青。妈妈纳闷，为什么儿子不去看那片绿色的冬青，却偏偏注意到了这棵不起眼的小草呢？

孩子的视野和成人的视野是完全不一样的。受到身高等因素的影响，成人的视野是开放的，而孩子却喜欢关注细枝末节。越是细小的事物越容易引起孩子的注意，喜欢观察细小的事物，正是孩子观察力发展的开始。

在孩子看来，这些细小的东西能够给他带来无限的乐趣和新奇感，引起他的探索欲望。他会蹲在地上很久，只为观察小小的蚂蚁要钻到哪一个小洞里，或者拿着一颗小石头，翻来覆去地看，似乎石头中藏有什么奥秘。

这个时候，我们尽管让他去观察和探索，不要阻止他的探索行为。因为孩子关注细小事物的敏感期一过，即使我们刻意引导他去关注细小的事物，他也不一定会感兴趣。随着年龄的增长，他会像我们一样，将目光和注意力转移到更大的事物上去。

蒙台梭利曾说："儿童对细小事物的观察与热爱，是对已无暇顾及环境的成人的一种弥补。"事实上，无论是从大的角度去看，还是从小的视角去观察，世界都很精彩。所以，大可放任孩子去观察他所喜爱的细小事物。

在观察的过程中，孩子会用眼睛去看、用手去摸、动脑筋去想。在这一过程中，他的手、脑、眼、腿等都得到了锻炼。随着身体平衡能力的发展，孩子的手和腿会越来越有力量，他的活动也会变得更加灵活，观察力也会得到提高。而抓、捏细小物品的行为本身，也会使他的小手肌肉和手眼协调能力得到提高，为日后发展精细动作打下坚实的基础。

在关注细小事物的敏感期内，孩子不但喜欢观察细小事物，还往往会把细小的物品贴身放置或者紧紧攥在手里。所以，你可能常会在孩子的口袋里发现一颗非常小的珠子或路边的一颗小沙砾。对于孩子来说，这些小东西犹如珍宝，你千万不要轻易把它们丢弃！

39. 孩子感觉自己弱小，才会关注跟自己一样弱小、细小的事物

——不要关注表面，要了解孩子关注细小事物行为背后的心理原因

"宝贝，吃饭了！"

"宝贝，快点来吃饭呀！"

妈妈喊了几遍，3岁的女儿还是聚精会神地盯着地面，不时还用树叶拨弄一下。妈妈走过去发现女儿在"玩"一只小飞虫。

"宝贝，你在玩小虫子？"妈妈问。

女儿抬起头认真地说："我在帮它爬上来。"

原来，这只小飞虫落在路边的水洼里。女儿看到后，就用树叶将小飞虫救了上来，然后等它晒干翅膀。小飞虫似乎在水里挣扎得筋疲力尽了，现在虽然已经"上岸"，却飞不起来。

"我们先吃饭好不好？"妈妈说。

女儿摇摇头，她执意要看小虫子飞起来，才肯去吃饭。

妈妈想，女儿也太有爱心了，对一只小虫子也如此关心。

无独有偶，很多妈妈都曾发现自己的孩子对细小的事物特别关注。有的孩子救起落水的小虫、有的孩子关心蚂蚁会不会迷路。年幼的孩子为什么会对细小的事物特别关心呢？这是因为，孩子对弱小和细小的事物有"惺惺相惜"的感觉。

自从孩子一出生，他就在仰望我们。当他还是个婴儿的时候，就仰视着我们在他身边走来走去。他会走路后，小小的身体比我们矮了太多。站在人群里，他也是比较矮小的那个，这种落差无形中让他意识到，他属于弱小群体。

即便如此，孩子也会希望自己变得高大起来，能够像成人一样关心他人、帮助他人，树立自己高大的形象。然而，他也清楚地知道，自己的弱小是一时无法改变的，直到他发现，原来还有比他更弱小的事物。比如，街边的一棵小草、一朵小花、刚刚会飞的小鸟、忙忙碌碌的小蚂蚁、不起眼的小飞虫……

当他拿自己和这些事物对比，就会发现无形中自己变得高大起来。这时，他会感觉到，即使像他一样弱小，也是可以照顾"他人"的。于是，他开始关注比自己更弱小的事物，并表现出一种纯真的善意。

这些细小的事物也许是动物、植物，有时还可能是没有生命的事物。比如，纸屑、头发丝、线头，甚至是玻璃上的一个小黑点，等等。

有个3岁的男孩，将一些小纸屑藏在枕头下，他每晚看一下这些"小东西"后才安心睡觉。某天，妈妈发现了枕头下有"杂物"，就将它们清理掉了，男孩知道后就哭闹起来，不肯睡觉。

在妈妈的耐心询问下，男孩才说："您把我的好朋友弄没了。"妈妈这才知道，男孩将这些小东西当做自己的朋友了，并且"细心照顾"它们。

这样的事情在成人看来也许有点不可思议，会觉得这些细小的东西有什么意义呢，但对成人来说没有意义的东西，对孩子来讲也许最有意义。

他会因为看到某只小虫爬不过一个小水洼而着急，也会为了想知道小蚯蚓去哪里而蹲在地上观察一两个小时。这些行为在我们看来也许很无聊，但孩子却乐此不疲。因为，他正处于关注细小事物的敏感期，并且需要通过"关心"和"帮助"比自己弱小的事物来表达爱心和同情心。妈妈应该了解孩子关注细小事物背后的心理原因，并满足孩子的心理需求。

通过表达对细小事物的关爱，孩子会逐渐变得更有同情心和爱心。随着年龄的增加，他会将这些关爱转移到妈妈身上。所以，不要打断孩子对细小事物的观察，也别阻止他帮助小飞虫、小蚂蚁，因为这是他在练习如何关心身边的事物，并寻找心理平衡的过程。

40. 孩子观察细小的东西，其实是他一项重要的"工作"

——对于孩子的"工作"，不要打扰，培养他的专注力

一楼的爷爷在阳台旁搭建了鸽子棚，鸽子飞来飞去，粪便落在楼前的花池里正好做肥料。

对门4岁的女孩常来看鸽子，这天她却对鸽子棚下的土地发生了兴趣。她蹲在花池旁看了快一个小时还没有回家，妈妈喊她回家，她就是不肯，还指着屎壳郎说："我要看它滚球球！"妈妈仔细一看，花池的泥土中竟然有一只屎壳郎，正在不遗余力地滚粪球。

妈妈拉着女孩就走，边走边说："看什么不好，非要看屎壳郎滚粪球！这么脏的虫子你也看，以后不要看这个！"女孩却十分不情愿，被妈妈拉回家之后，就哭闹起来。

妈妈不理解女儿为什么要观察屎壳郎这种"肮脏"的虫子,她明明是好心将女儿带回家,女儿却不领情,还哭闹不停。

女孩正哭闹的时候,爸爸回来了。在问明情况后,爸爸不但没有责怪她看屎壳郎,还主动提出和她一起去观察。

听爸爸这么说,女孩很惊喜,立即不哭了。

他们来到鸽子棚下,看着屎壳郎将鸽子粪便做成的粪球从一个地方推往另一个地方。

女孩不解地问:"爸爸,粪球是屎壳郎的玩具吗?它是在玩耍吗?"爸爸说:"屎壳郎滚粪球其实是在为生宝宝做准备。"

女孩满脸疑惑地看着爸爸,爸爸继续说:"屎壳郎产卵后,会用土将粪球和卵埋起来,不久粪球里就会孵化出白色的屎壳郎幼虫。屎壳郎的幼虫靠吃粪球长大,他们长大产卵的时候,也会像它的父母一样滚粪球。"

听了爸爸的解释,女孩对屎壳郎更加感兴趣了。爸爸趁机告诉她:"屎壳郎还有个学名叫蜣螂,它还被称为'自然界的清道夫'呢!"

在爸爸的引导下,女孩不但变得更爱观察了,还懂得了很多知识。

当孩子喜欢观察细小事物的时候,不少妈妈都认为孩子在做无聊而没有意义的事情。那些细小到容易让人忽略的东西有什么可看的呢?事实上,孩子并不这样认为!他不但觉得观察细小事物非常有趣、有意义,而且还将它看得像"工作"一样重要,观察细小事物非常专注。如果你想培养孩子的专注力,就不要轻易打断他的观察。要知道,现在他能够专注地观察某些细小事物,将来他也同样能够专注地学习或者工作。拥有专注力的人,将专注于任何一件他认为有意义的事情。

而且,孩子做的事情是否有意义,也在于我们的引导。在上面的案例中,爸爸不但没有像妈妈那样阻止女儿观察屎壳郎,还陪女儿一起去观察。在观察的过程中，爸爸借机向女儿传递了很多知识，让女儿在玩耍的过程中了解屎壳郎的生活习性。

由此看来，只要善于引导，孩子的任何一种观察行为都会成为有意义的事情。所以，当孩子认真观察细小事物的时候，我们不要打扰他，应该让他专注于眼前的观察"工作"。必要的时候，还应该为他的"工作"提供方便，比如随时解答他提出的疑问，或者和他一起查资料，解释某些现象发生的原因。

当然，也可以引导他思考或者让他自己去找资料，培养他独立"工作"的能力！

41. 在室内，孩子常关注小线头、头发丝、纸屑，等等

——不要惊慌，不要担心，耐心地"欣赏"孩子这些可爱的举动

妈妈缝完扣子后，留下一小段线头。3岁的儿子看到后，跑过去捡起小线头扔向空中，看着小线头慢慢地落地，他咯咯地笑几声，然后又重新捡起来，扔向空中。

看到儿子玩得如此高兴，妈妈也跟着笑起来，她索性取来一段长长的棉线，剪成很多段小线头，和儿子一起玩了起来。

当孩子进入关注细小事物的敏感期后，他会对室内那些"微不足道"的小东西，比如小线头、头发丝、纸屑等倍加关注。他会将小线头丢向空中，看着它落下来；还会收集头发丝，将它们攒起来；有时，他还会盯着纸屑，或者将纸屑拿在手里不停地玩弄……

对此，不用大惊小怪，也不必惊慌，只需耐心地"欣赏"孩子这些可爱的举动，过一段时间，孩子收集细小事物的行为就会逐渐消失。

3 岁半的女孩有段时间就特别喜欢收集头发丝，无论是妈妈的还是爸爸的头发丝，或者是她自己的，她都会如获至宝地捡起来，然后藏在自己的小抽屉里。

每天晚上睡觉之前，她都要看看这些宝贝。这天，妈妈给她收拾房间的时候发现了这堆头发，将它们丢掉了。

晚上，女孩发现自己的"宝贝"不见了，就跑去问妈妈。妈妈告诉她那些"垃圾"已经丢掉了，女孩"哇"的一声哭了起来，而且哭了很久。

妈妈有些不知所措，她不知道女儿为什么将那些碎头发看得如此重要。

小线头、头发丝、碎纸屑等细小物品，在我们看来也许是垃圾，但对于处在细小事物敏感期的孩子来说却是宝贝。孩子的内心世界不同于成人，当他对这些小东西格外注意的时候，就是他观察能力逐渐提升的开端。这时，不要以讲卫生等理由丢掉孩子的"宝贝"，而应该给予孩子足够的时间，允许他收藏各种小东西。

某天，当你发现孩子开始有模有样地扫地和收拾物品的时候，就意味着他的这一敏感期已经过去了。这也说明孩子正在成长，并逐渐认识到自己是生活在人群中的。

不要随意丢弃孩子的小玩意儿

当孩子对一些小东西感兴趣时，就会将他们收集起来。有的妈妈不理解孩子的这种行为，认为孩子收集的东西既没有价值，也没有意义。

其实，孩子的收集行为是他心智发展的需要。如前面案例中的小女孩喜欢收集头发丝，就是因为她感到了自己的弱小，并知道一时半会儿无法改变这一事实，才会喜欢关注一些和自己同样弱小的事物，并试图收藏和保护它们。

遇到这种情况，千万不要随意丢弃孩子的小玩意儿。可以给孩子一个小盒子，让他专门存放自己的"小宝贝"，以此来保护他的这种心理和行为。

为孩子"创造"一些小玩意儿

为了满足孩子在关注细小事物敏感期的心理需求，可以制作一些小玩意儿给他，比如，小线头、小纸屑。制作好之后，还可以和孩子一起玩耍。这样一来，孩子的心理需求就会得到满足，妈妈与孩子之间的亲子感情也会得到加深。

当然，也可以跟孩子一起制作类似的小玩意儿。既能提高孩子的动手能力，还能让他更快乐地投入其中，进而提升他的专注力。

警惕一些小东西的"危险性"

虽然我们要满足孩子观察和收集细小事物的心理需求，但也要注意孩子的安全。比如，小颗粒的药丸要放到孩子够不到的地方，衣服里的樟脑球、干燥剂等也要收起来，蟑螂药、小图钉更要收好，不要让孩子受到意外伤害。

42. 在室外，孩子会关注蚂蚁、小花瓣、小石子，等等

——不要制止孩子，否则他会因内心的某种需求得不到满足而受到伤害

两岁半的女儿和妈妈到小区的花园里玩，妈妈带着女儿看大树、花丛，但巧巧对这些似乎并不怎么感兴趣。

忽然，女儿被树下的一个蚂蚁窝吸引了。勤劳的小蚂蚁来来往往，将地上的面包屑搬到洞穴里去。她发现，蚂蚁和蚂蚁碰面的时候还会碰碰触角，她想：它们是在打招呼吗？不知不觉时间过了很久，巧巧还蹲在那里看，似乎看入迷了。

"孩子，咱们该回家了。"妈妈说。

"不嘛，等一会儿。"女儿似乎还没看够。

妈妈催促了几次之后，女儿还是不肯走。妈妈等得不耐烦了，眼看孩子爸爸就要下班了，晚饭还没做。于是，妈妈说："再看，蚂蚁就要爬到你腿上去了，给你咬个大包！"

听到这句话，女儿马上跳开了，似乎真的被蚂蚁咬了似的，随后和妈妈一起回家了。从此之后，女儿再也不去观察蚂蚁了。看到蚂蚁，她总是躲得远远的，看到其他小虫子她也感到恐惧。

处在关注细小事物敏感期的孩子，对小的东西非常感兴趣，往往能一动不动地观察小蚂蚁、小花瓣、小石子等东西而不会厌倦。在观察的过程中，他的内心还会获得极大的乐趣和满足感。

如果我们不理解孩子的这种行为，随意阻止孩子，孩子的内心就会因为某种需求得不到满足而受到伤害。而上文中妈妈用恐吓的方式阻止女儿的观察行为，更是增加了孩子对小蚂蚁的恐惧感。这种恐惧感也许会持续很久，甚至延续到孩子长大之后。

所以，当孩子专心致志地在室外观察细小事物的时候，不应该去制止他，更不要撒谎吓唬孩子，以免他的内心受到伤害。

给孩子观察蚂蚁的自由

既然已经了解到孩子观察蚂蚁是他在关注细小事物敏感期的正常表现，就应该给予他观察蚂蚁的自由。即使他在观察蚂蚁的时候会蹲下、坐下，甚至会跪下、趴下，我们也不要以弄脏衣服为借口而阻止他。

有时，孩子也许会用手捏起小蚂蚁来观察，或者要求将蚂蚁装进瓶子里观察。对于孩子的这些行为，我们都应该允许。要让他在关注细小事物敏感期获得心灵的满足感，获得成长的快乐。

需要注意的是，我们应该告诉孩子，在观察蚂蚁的时候不能伤害蚂蚁，不能用热水烫蚂蚁，不能用脚踩蚂蚁，或者用手捏死蚂蚁。因为蚂蚁也是有生命的，它也会感到疼。这有利于培养孩子的同情心，让孩子从小就懂得珍爱生命。

跟孩子一起观察小花瓣、小石子

在关注细小事物的敏感期内，孩子不但会对蚂蚁这样的小动物发生兴趣，还会对小草、小花瓣、小石子等产生极大的兴趣。为了培养孩子在观察中的专注力，不妨和孩子一起去室外观察各种细小的事物。

在观察的过程中，还可以给孩子讲解一些关于小花、小草的知识。比如，花的种类，小草的生长过程和成长条件，等等。这样不但可以增长孩子的知识，还能让孩子感受到有妈妈陪伴的温暖。

不要试图打断孩子的观察

不少妈妈会在孩子的观察过程中打断孩子，其实这会破坏孩子的认知过程。当孩子全神贯注地进行观察"工作"的时候，不要轻易打断他，而应该给他足够的时间去观察和思考，这样有助于孩子形成专注的品质，也有助于他心灵的健康成长。

43. 孩子非常喜欢走进大自然，那是他关注细小事物的最佳场所

——带孩子亲近自然，引导他观察自然，提升他的观察能力

有个3岁的男孩不喜欢在室内玩耍，妈妈常常带他出去走走。这天，母子二人来到公园，妈妈指着公园里的花草树木给他讲解。开始，他还能耐心地听妈妈说，但没过一会儿他就开始左顾右盼。妈妈想，他一定是不耐烦了。于是，就带他去看公园里的阿姨跳舞。

走着走着，男孩却突然蹲在公园的路边聚精会神地看起来。他还执意拉着妈妈的手，让妈妈陪他一起看。妈妈俯身看去，原来雨后的湿润泥土

里有两只小蚯蚓，它们翻起泥土，正在一拱一拱地前行。

过了几分钟，妈妈蹲累了，就站了起来。但男孩依然看得津津有味，任妈妈怎么叫，也不肯回家。直到妈妈答应他吃过午饭继续来公园玩，他才恋恋不舍地和妈妈离开。

很多妈妈会发现，孩子更喜欢到室外去，尤其喜欢亲近大自然。大自然中不但有花草树木，还有雨露阳光，更重要的是那里还有很多细小事物可供他观察。

小草冒出的新芽，小花落下的花瓣，小水洼里刚出生的小蝌蚪，蚂蚁挖的新家，都能引起他极大的兴趣。在大自然中他能认识更多的花花草草，还会看到很多小昆虫，那里是他关注细小事物的最佳场所。

经常带孩子到大自然中去

在钢筋水泥的城市里住久了的孩子很难有机会感受到大自然的美。去公园也许可以感受到大自然的清新空气和一片绿色，但相比真正的大自然，公园还是带有很多人工雕琢的痕迹。

大自然中小到蚂蚁洞穴，大到鬼斧神工般的山川秀水都卓然天成。孩子会发现不只人类会建造住所，大自然中的蚂蚁、蜜蜂等，也像建筑师一样打造自己的家园。每种昆虫都有着不同的形态，不同的生活习性，我们可以任孩子蹲在地上观察草丛中的各种小虫子，也可以教他抬头看看远处，感受一下与微观世界相对而言更为宏大的世界。

给孩子一个放大的微观世界

在和孩子一起去大自然观察细小事物的时候，为了方便孩子观察，我们可以带上一把放大镜。这样，孩子就能更加清晰地看到自己想看的小昆虫和小植物。他会发现，这些平时容易被忽略的细小生命也生活在一个非常精彩的世界里：看来不起眼的七星瓢虫其实有着非常美丽的"衣服"，而小小的蚊子竟然拥有那么细长的腿。通过将细小事物放大，孩子会在观察的过程中获得更多的乐趣，同时也会在不知不觉中提升观察力和专注度。

教育孩子爱护大自然

随着自然环境的日益恶化，空气和水资源的污染都越来越严重，白色垃圾也越来越多。所以，在带孩子到大自然中去观察细小事物的同时，也别忘记向孩子传递爱护环境、关爱大自然的常识。

要记得将户外活动产生的垃圾带走，还可以借机提醒孩子，如果人类不注意保护自然环境，小蚂蚁、小蚯蚓、花草和大树都将失去它们的家园，以此来启发孩子的环保意识。

四、空间敏感期

两三岁的孩子有一天似乎突然变得"顽皮"起来，他喜欢不断地丢东西，丢了又捡；他将积木垒高，然后推倒，再垒高，再推倒；他爱"藏猫猫"，家里任何一个可以容纳他的空间他都试图钻进去……其实，这并不是孩子变顽皮了，而是他的空间敏感期来了，他会通过各种方式去探索和感受周围的空间。所以，你大可不必吼他。

44. 读懂孩子的空间敏感期，与他一起享受探索的乐趣

当孩子还在母体里的时候，他生活在一个狭小的空间里，周围被羊水包围。从他出生的那一刻起，他就离开子宫来到一个非常大的空间中，包围他的不再是羊水，而是空气。这个空间对他来说是不同于从前的陌生环境。他必须学会使用自己的身体，并用身体进一步去探索这个新的空间，

最终将自己融入这个空间。

一般来说，孩子的空间敏感期从 0 岁就开始了，会一直持续到四五岁。我们常常看到刚刚学会坐的孩子喜欢把手边的东西丢到地上，我们帮他捡起来后，他还会将其丢到地上。

有的妈妈也许会觉得这是孩子学会淘气了。其实，这只是孩子感受空间的一种方式，通过将东西丢到地上，他感受到这一物体和那一物体是分离的。

渐渐地，他还会发现一个空间里能放进一个物体，而这个物体还可以从那个空间中抖出来。于是，他会不厌其烦地看到洞洞就往里面放东西，放进去又倒出来，如此往复，乐此不疲。随着孩子感受空间能力的发展，他还会逐渐对垒高感兴趣。他会把物品垒高、推倒，再垒高、再推倒，不断地重复，以此来感受空间的存在。

随着孩子身体的成长，他的四肢更加灵活，他可以去的地方也更多了。他开始喜欢玩藏猫猫的游戏，他躲在衣柜里、门后面、书橱下，甚至床底下。他东躲西藏只为感受狭小空间中的乐趣。通过这种游戏，他的空间感受力得到了提升。

等孩子再长大一些，他就会开始"征服"自己能涉及的任何地方，他爬高跳低，甚至站到桌子上去。你也许会觉得他很调皮，也许会以爱和安全的名义阻止他到处跑，并要求他安安静静地待在某个地方，不要去做任何危险的动作。

殊不知，过多的约束只会阻碍孩子空间感受力的发展，妨碍他对世界的探索。因为探索世界是人的天性，而这种天性能否得到发展取决于他是否拥有探索的自由。

其实，孩子在探索和感受空间的时候，自己是会有所衡量的。当他从某个高度往下跳的时候，他会先用眼睛去衡量那个高度，然后用身体去感受那个空间。当他发现自己能够把握这一空间的高度后，就会适当提高高度。有人说，一个人对空间的把握完全取决于他在心灵上能够承受多大的空间状态。而这一点，也恰恰决定了孩子对这个世界的探索能力。

在了解这些之后，就应该在孩子的空间敏感期到来之时，对他宽容一些。在保证他安全的前提下，允许他用自己的方式去探索和感受空间。我们也可以和他一起玩空间游戏，以提高他的空间感受力。

45. 先是爬、抓、移动物体，再爬高、旋转、扔东西……

——不要吼叫，不要呵斥，在孩子背后默默地欣赏这一切，让他尽情地探索空间

先来看两个小案例：

有个一岁半的男孩最近似乎"变坏"了。

一天，爸爸递给他一块饼干，他明明抓到了，却把它扔到地上。爸爸再次递给他一块，他拿住了，随后又把它丢到了地上。这样重复几次后，他还冲爸爸坏笑。

接下来的几天常常发生这种情况，爸爸递给他什么，他都会先用手抓住，然后丢到地上。而且，他还会随手抓起身边可以拿得动的东西往地上丢。丢完之后，他还盯着地上杂七杂八的东西，脸上流露出一副胜利的表情。

还有一个两岁半的女孩最近非常喜欢转圈。有时，她会围着妈妈转来转去，有时她会牵着妈妈的手在房间里旋转。只要一转，她就会开心地笑起来。

后来，她开始喜欢自己站在原地不停地转圈。刚开始妈妈怕她转晕了而

摔倒，但后来妈妈发现她会在快晕倒的时候，自己找个东西扶一下。这种简单的游戏，她玩得乐此不疲。每次转圈，她都咯咯地笑着，似乎很满足。

不管是爬、抓、移动物体，还是扔东西、旋转、爬高，都是孩子探索空间的一种方式。扔东西是因为孩子发现物品和物品之间是分离的，当他把东西拿起来再扔出去之后，他就会体会到物品分离的快感，这时他的内心就会获得满足感。

而旋转则是因为孩子发现自己生活在一个自由的空间里，这是他感受自由空间的一种方式。在感受到自由的空间之后，他会为自己的发现和感受而感到开心。

通过这些方式，孩子会获得空间感，并形成空间概念。所以，当孩子出现这些行为的时候，就表明他的空间敏感期来临了，要引导他通过各种方式去探索空间，感受空间。

允许孩子爬高跳低，别阻止他

除了扔东西和旋转之外，孩子在两岁左右还特别喜欢爬高。他在爬到高处后，往往会跳下来。很多妈妈会以危险为理由禁止孩子这样做，还有的妈妈因此而呵斥孩子，冲他大吼大叫。其实，这种做法是不妥的。

要知道，孩子之所以热衷于爬高和跳低是因为他有相应的心理需求。他需要感受从高处跳到低处的感觉，如果我们强加干涉，孩子的身体动作潜能就得不到正常的发展，同时他的心理需求也得不到满足。所以，应该允许孩子爬高跳低。当然，也应该告诉他窗台、阳台等危险的地方不可以攀爬。

不要帮助孩子完成探索动作

一位妈妈看到一岁半的女儿正努力爬到茶几上去，她的一只脚已经踩到一个支点，而另一只脚正在寻找另一个支点。

妈妈担心孩子摔下来，她走上前去用自己的一只手垫到了孩子的脚下，帮助孩子顺利爬上了茶几。

虽然这位妈妈帮助孩子顺利爬了上去，但事实上她却是在干涉孩子的探索行为。要知道，我们不可能随时待在孩子身边帮助他完成探索动作。一旦有了被帮助的经验，孩子会误以为当他再次寻找支点或者踩空的时候，还会有一只手来帮助他。在这种错误的意识下，他在以后探索空间时就会形成依赖心理，并容易因此而受伤。

聪明的妈妈不会帮助孩子完成探索，而是放手让孩子自己去探索。这样孩子在探索的过程中会考虑自己的安全，并小心翼翼地寻找可靠的支点，从而完成探索动作。

为孩子提供合适的旋转环境

旋转有可能会使孩子跌倒，甚至是受点小伤，但为了让孩子探索空间，并获得心理上的满足感，还是不要禁止他去旋转。科学家发现，旋转有助于提高孩子的协调性和平衡性，对他的大脑成长有着积极的作用。

所以，要尽可能地为孩子提供一个合适的旋转环境。比如，带他到宽阔的空间中去旋转，或者将客厅里那些容易让孩子受伤的障碍物移走。比如，带有棱角的茶几和椅子等。等孩子顺利度过空间敏感期之后，再将客厅恢复原样。

46. 插孔，对带孔的东西感兴趣，喜欢插拔吸管、钥匙……

——孩子不是捣乱，而是在探索空间，所以要支持他的行为

妈妈给 2 岁的女儿拿了一盒牛奶，并把吸管插进插孔里。女儿拿到牛奶后并不喝，而是把吸管拔出来，再次插进插孔中。

但是，饮料盒的孔非常小，女儿的小手无论如何也对不准那个小孔，妈妈想拿过饮料盒帮她插，她却不肯，坚持要自己插孔。

后来，经过不懈努力，她终于把吸管插了进去。看着插好的吸管，女儿的脸上露出了满足的神情。

当孩子到了空间敏感期之后，往往会对带孔的东西感兴趣。当然，不仅仅是饮料盒的插孔，凡是有孔的东西都会引起他的注意。

有个 3 岁的男孩，也对带孔的东西表现出了极大的兴趣。

有一天，妈妈和他一起回家，妈妈像往常一样拿出钥匙，插到锁孔中一转，门开了。

男孩却没有跟着妈妈进房间，而是站在门口看着还在门上晃动的钥匙。

妈妈说："宝贝，进屋呀！"

男孩像没听见一样，伸手去拔钥匙，拔下来后，他又试图将钥匙插到锁孔里去。

可是，钥匙似乎不那么"听话"，男孩插了几次都没有插进去。可他依然坚持去插，突然，钥匙插进去了，他开心地笑了。

但是，男孩又把钥匙拔下来，再次往锁孔里插……就这样拔下来，插进去。他折腾了好久，才心满意足地进屋了。

在孩子的空间敏感期，孩子有这样的行为是非常正常的。他会对各种小孔产生兴趣，并拿细长的东西试图塞到小孔中去，这是他探索细小空间的方式。他会通过这种方式去感受细小空间，并完成他的探索行为。

在孩子插孔的过程中，他需要手、脑、眼并用，这既锻炼了他的手眼协调能力，又锻炼了他的观察和思考能力，还锻炼了手部的肌肉，提高了他的专注力。

允许孩子自由地插孔

当我们了解到孩子喜欢插孔是他在空间敏感期的正常表现后，就应该允许他用这种方式探索空间。必要的时候，还可以给孩子一把钥匙和配套的锁，让他反复插孔，感受其中的乐趣。

和孩子一起玩插孔游戏

生活中可以插孔的地方有很多。比如，钢笔、锁、饮料盒、唇膏，等等。可以找来各种插孔的物品陪孩子一起玩，这样既能保证孩子的安全，又能满足他的心理需求。

可以把钢笔、唇膏、饮料盒等拔开，让孩子对号入座。这样，他会自己衡量物品的大小、粗细，有针对性地插孔，从而锻炼思考和观察能力。

了解生活中危险的插孔

当然，不是所有的插孔都是安全的。比如，暖水瓶的瓶塞容易烫伤孩子，电源插座的插孔更是会带来生命危险。

有个3岁的男孩总是喜欢拔暖瓶塞，拔起来再按下去，有时用力过大，甚至会摇动暖瓶。假如他将暖瓶碰倒，后果将不堪设想。为了培养孩子的安全意识，妈妈拿起瓶塞，待瓶塞的热量稍微散发后，用瓶塞高温的一头迅速烫了男孩一下。

顿时，男孩哭了起来，他的小手被烫红了。但他也因此知道，暖瓶塞是不可以玩的。妈妈又给男孩拿来红酒瓶和瓶塞，男孩小心翼翼地拔起瓶塞，发现这个瓶塞是没有冒热气的。于是，他又安心地玩起了插孔游戏。

虽然要允许孩子自由插孔，但也要考虑到孩子的安全。在选择电源插座的时候，要选用拔下插头电源孔就能自动闭合的安全插座，以防孩子在空间敏感期将金属物品插入插孔，造成安全事故。如果电源插座没有保护措施，则应该收好，防止孩子误触。

47. 对"捉迷藏"非常感兴趣，喜欢藏在门后面、桌子下、衣柜里等

——孩子在享受空间探索带给自己的乐趣，满足他的探索需求

"宝贝，吃饭了！宝贝？"妈妈喊了几声，都不见3岁的女儿。明明没有看到女儿出去，可是她去哪了呢？厨房没有、书房没有、洗手间也没有……

妈妈有点着急了，她推开卧室的门，却发现门不能完全打开。妈妈往门后一看，原来女儿藏在那里。

"嘻嘻……"女儿笑着从门口蹦出来，妈妈压住火问："妈妈喊你呢，你怎么不答话？"

女儿还是一副笑嘻嘻的样子，她高兴地说："妈妈，你找到我喽！"

妈妈故意皱起眉头说："宝贝儿，你让妈妈着急了。"

女儿吐吐舌头说："我和妈妈玩捉迷藏呢！"

很多三四岁的孩子都特别喜欢玩捉迷藏，他们把自己藏在门后面、衣柜里、桌子下……凡是可以容下他的隐蔽空间，他都想把自己装进去。这不仅仅是因为他喜欢玩耍，更是他探索空间的正常表现。

自从孩子的空间敏感期到来之后，他就会发现不同的空间能够容纳不同的物体，某些空间甚至还可以容纳自己的身体。这一发现让他倍感新奇，于是，他就会从"大空间"藏进"小空间"，并感受着大小空间交替带来的乐趣。于是，他爱上了捉迷藏，并喜欢用身体去感受空间的神奇。

当他和小朋友们玩捉迷藏时，他会为了寻找更加隐蔽的空间而观察周围的环境，寻找更为合适的藏身之处。在玩耍的过程中，他还能获得各种方位的概念。当然，他也很乐于和妈妈玩这种游戏，此时我们一定要配合他，理解他的心理需求。

不要责怪"突然消失"的孩子

有时，孩子并没有和我们打招呼，就和我们玩起了捉迷藏的游戏。我们找不到他会担心着急，但是找到他之后，却忍不住会发火。

不要因此责怪"突然消失"的孩子，他只是想和你玩一个游戏而已，并不是故意让你担心。喜欢玩捉迷藏是孩子在空间敏感期的正常表现，你不妨告诉他："下次玩捉迷藏的时候，一定要先告诉妈妈，因为我非常乐于和你玩这个游戏呢！"这样，孩子就不会因此而让你着急了。

当孩子藏起来后，即使你知道他藏在哪里，也不要一下子就找到。否则，他就会感到气馁，所以不妨假装寻找一会儿，然后再找到他，这样他一定会很高兴。但也不要一直假装找不到他，那样孩子也会感觉很失望。

和孩子一起感受空间的交替

有位妈妈发现4岁的儿子喜欢藏在刚好能够容下他的空间里，于是就找来两个大小不同的纸箱，一只给儿子，一只给自己。她和儿子都跳到纸箱里，然后对话。儿子发现，那只大纸箱刚好能容下妈妈，而小纸箱则刚好能容下他自己。

他为自己的发现感到兴奋，甚至吃饭的时候也要端着碗到纸箱里去吃。妈妈满足他的要求，因为她知道等儿子的空间敏感期过去后，他自然就不会这样做了。

也可以寻找各种大小不同的空间，跟孩子一起感受大小空间的交替。这和捉迷藏带来的感受是相似的，而且有了妈妈的陪伴，他会玩得更高兴。

48. 孩子喜欢把物体垒高，再推倒，从而建立对三维空间的感觉

——支持孩子的垒高行为，多给他提供类似的机会

孩子在一岁多时就能把积木垒高，然后将它们推倒。当妈妈对此做出

惊讶的表情时，孩子就会笑起来。但这时，孩子的兴趣大多固守在妈妈的反应上，而不是对垒高这件事本身感兴趣。

当孩子三四岁的时候，垒高就成了他喜欢的一种游戏。他乐于将积木或者物品垒高，然后推倒、再垒高。这是因为他已经进入了空间敏感期，这种不断垒高、推倒、再垒高的过程是他感受空间的方式。

有个 3 岁的男孩和妈妈一起用积木盖房子。他将较小的积木放在下面，将较大的积木放在上面，一块一块往上垒。妈妈当然知道那样的房子比较容易倒塌，但却没有提醒他。没一会儿，男孩的积木房子果然倒了。但他并没有因此而失望，而是高兴地拍起了小手。

男孩再次拿起积木，犹豫着不知该先放哪块。妈妈指着大一点儿的积木说："先放大块的积木，房子就不容易倒塌了。"于是，男孩就先将大的积木放在了下面，又逐渐将小的积木依次垒上去，大房子终于盖好了。

可是男孩还是忍不住去推，大房子轰然倒塌，他又高兴地笑了。男孩再次垒起积木，又推倒它，乐此不疲地玩起了这种垒高、推倒的游戏。

在不断垒高、推倒、再垒高的过程中，孩子逐渐建立了三维空间感。在垒高积木或物品的过程中，他的视觉、触觉、创造力和想象力都得到了发展。在拿物品的过程中，他的手部肌肉也能得到锻炼。手、脑、眼并用会使孩子的身体逐渐趋向协调，所以，不要觉得孩子的垒高、推倒是一种无聊的游戏，更不要禁止他去垒高。

不要禁止孩子的垒高行为

在空间敏感期，孩子会将各种各样的物品拿来玩垒高的游戏，因为他享受垒高、推倒、再垒高的过程，并能够从中获得乐趣。也许你会认为不同的物品有不同的作用，不能随便拿来堆叠摔打。而且，看着孩子反复垒高、推倒，你可能也会觉得这种行为无聊而枯燥。但是，孩子正是在反复垒高的过程中感知空间的。

所以，不要禁止孩子反复垒高的行为，即使他将身边一切可以拿到的东西都用来垒高，你也不必和他讲大道理和生气，当然更没有必要冲他大吼大叫，只要让他尽情去垒高就可以了。

让孩子拿安全物品玩垒高游戏

当孩子玩垒高游戏的时候，应注意他所用物品的安全性。比如，易碎的物品就不能拿来垒高，以防孩子被碎片扎伤。

所以，在孩子的空间敏感期内，要将不安全的物品收好，如玻璃、陶瓷制品要放起来，尖锐的金属物品也不能放到孩子可以够到的地方，避免孩子拿这些物品去玩垒高而发生危险。

陪孩子一起玩垒高的游戏

当孩子喜欢玩垒高游戏的时候，不妨抽时间陪他一起玩。还可以将垒高游戏设计成一种比赛，比一比谁垒得更结实更高，然后推倒再来。这样，不但可以让孩子在拿起和放下物品的过程中锻炼手部肌肉的控制能力，还能促进孩子积极思考和观察，同时又能体验到亲子互动的乐趣。

49. 喜欢玩好玩的游戏，如"你扔我捡"、搭积木等

——引导孩子玩一些具有空间感的游戏，让他充分感知空间

三四岁的孩子总是十分活泼，他们不但喜欢各种玩具，还喜欢玩各种游戏。在玩游戏的过程中，他们的手脚能够得到锻炼，有些游戏还能让他充分感知空间。

有一位妈妈发现 4 岁的女儿最近喜欢上了一种游戏，她总是爬到沙发

或板凳上，然后把玩偶、皮球等小玩具从高处扔下来。等妈妈帮她把物品捡起来后，她会再次扔下去。每次扔下东西，她都会高兴地笑起来，只是辛苦了妈妈，要不停地为她捡东西。一向很乖巧的女儿为什么突然喜欢扔东西了呢？妈妈就此问题咨询了教育专家，专家说这是孩子在空间敏感期的正常表现。

于是，接下来的日子，妈妈高兴地和女儿玩起了"你扔我捡"的游戏。每次女儿把玩具扔出去，妈妈都会帮她捡回来，而且还会夸她一句："扔得真远，太棒了！"

听到妈妈的夸奖，女儿扔得更起劲了！

很多妈妈会发现孩子在三四岁的时候喜欢扔东西，有的妈妈以为孩子是在故意淘气，甚至觉得他在"搞破坏"。其实，这是孩子对空间感知的一种方式。当孩子发现一个物体和另一个物体是分离的，就会把手中的物体扔出去，以此来体验"物体和物体分离"给他带来的乐趣。

值得注意的是，有些物品是不适合扔出去的。比如，玻璃制品、陶瓷制品以及容易砸伤人的金属物件。如果孩子把这些东西扔出去，他会误伤自己，或者在扔的过程中伤到他人。所以，应该尽量把一些不容易摔碎的物品放到孩子的身边。比如，塑料制品、毛绒玩具、橡胶制品，等等。这样，孩子就可以尽情地扔东西了。

在玩游戏的时候要多鼓励孩子

在和孩子一起玩"你扔我捡"游戏的时候，我们要多鼓励他，这样不但会使孩子玩得更加起劲，还会增加他的自信心。比如，前面案例中的妈妈鼓励女儿："扔得真远，太棒了！"孩子在受到鼓励之后会更加积极地玩游戏。即使在他自己玩游戏的时候，我们也不妨适当鼓励他一下，让他快乐地玩下去。

给孩子一个"扔不掉"的玩具

在孩子喜欢扔东西的时候，可以给他买一些"扔不掉"的玩具。比如弹力球，在扔出去之后，弹力球会自己弹回来。这样，孩子在玩的过程中不但可以获得空间感，还会获得更多的乐趣。

除此之外，呼啦圈也具有这种功能，当然这需要扔呼啦圈的人有一定的技巧。那就是在扔出呼啦圈的同时，附带一种向回收的力量。通过这种巧力将呼啦圈扔出去后，呼啦圈还可以转回来。所以，可以给孩子买一个呼啦圈，并教给他怎样丢出去可以使呼啦圈返回原地，孩子一定会觉得很神奇。

和孩子玩各种空间游戏

有很多游戏都可以带给孩子空间感，比如，孩子们都喜欢玩的蹦蹦床。当孩子在蹦蹦床上蹦跳的时候，能感受到向更高处飞越的乐趣；而滑滑梯其实也是一种空间游戏，很多孩子之所以喜欢滑滑梯，也是因为从高处迅速滑向低处会让他感到快乐。

生活中，有很多游戏都可以让孩子多方位地感知空间，所以要做有心的妈妈，善于发现各种空间游戏，并和孩子一起去玩，满足孩子在空间敏感期的心理需求。

五、
模仿敏感期

有那么一段时间，孩子最喜欢模仿爸爸妈妈的语言、表情、行为等，然后喜欢模仿小朋友的一举一动，而且会一遍又一遍地、不厌其烦地重复多次。孩子之所以这样做，是因为他已经进入了模仿敏感期。所以，你千万不要厌烦，不要呵斥、吼他。

50. 模仿是一种学习方式，读懂孩子的模仿敏感期

孩子在生命的初始阶段，是通过各种不同的方式进行学习的，模仿也是其中的一种。科学研究表明：孩子在出生后的最初 4 个小时内，就已经具备了模仿能力，他会模仿成人张开嘴、撅起嘴，或者是在嘴巴里动舌头。不过，孩子的这些表现和行为往往不被我们所觉察。

当孩子到了大约 4 个月的时候，他常常盯着身边人的嘴巴，观察嘴唇的动作，这激发了他有意识的活动，并对语言产生了兴趣。大约 2 个月之后，他便能无意识地发出单音节了。

慢慢地，孩子会模仿身边人的表情和日常行为，比如，妈妈冲着他微笑，他也会冲着妈妈微笑；妈妈在擦桌子，他也学着妈妈的样子擦桌子……再后来，孩子的模仿行为更富想象力。比如，他会把树枝当成一把剑，拿着它舞来舞去；他会把扫帚当成一匹马，骑着它在房间里跑来跑去……

从表面上来看，这一阶段的孩子必须在这种不断模仿的过程中，开始逐渐形成自我意识。当孩子到了 3 岁左右的时候，他不但会模仿周围人的一举一动，还会模仿社会性行为。

可以说，孩子不断地由一个简单的生命状态过渡到一个更高层次的生命状态，而这也是他从内心世界走向外部世界的一个最早期的实践过程。

1999 年，美国华盛顿大学的安德鲁·梅尔特佐夫让一个 18 个月大的婴儿观察一个成人所做的一种行为，然后让婴儿模仿这种行为。

首先，婴儿在一边观察一个成人将哑铃拉开的过程。

其次，实验人员给婴儿一个相对较大的塑料哑铃，并让他尝试着拉开哑铃。婴儿使用成人的方式，用两只手去抓哑铃，并做出向外用力拉的动作。然而，由于哑铃对婴儿来说太大了，他根本就模仿不了成人拉开哑铃的动作。

后来，婴儿开始尝试新的解决方法，他把哑铃放在桌子上，用两只手拉另一端。结果，婴儿成功地拉开了哑铃。

如果婴儿只是模仿成人示范的内容，那么结果肯定是失败。但婴儿并没有一直模仿成人的行为，而是开始尝试新的解决方法，结果成功了。这说明，孩子通过模仿，不仅能够复制对方的行为，还能对模仿的行为进行加工，从而有所创新。

看到这里，不得不承认，模仿是一种了不起的、很有效的学习方式，是帮助孩子社会化的有利工具。模仿是孩子进行学习的第一步，通过模仿某个行为举止进行自我创造，孩子就能快速、有效地学会一系列技能和本领。

然而，遗憾的是，有的妈妈并不明白孩子为什么会重复那些毫无意义的语言、表情、动作、行为等，对孩子横加干涉。殊不知，这种做法恰恰破坏了孩子模仿敏感期的正常发展，阻碍了孩子认知和智能的发展。

当孩子无法顺利度过模仿敏感期的时候，他的模仿行为就会滞后，可能会到五六岁的时候才出现。这也正是为什么有的孩子到了五六岁的时候才开始模仿周围人的行为举止的原因。

所以，要尽可能地放慢生活的节奏，给孩子充分的成长空间，满足他模仿的内心需要，使他平稳地度过模仿敏感期。

51. 模仿别人的一举一动，好的、坏的，一概模仿

——鼓励孩子的良好模仿行为，漠视他的不良模仿，有意识地引导他模仿

孩子出生之后，最喜欢观察和模仿周围的人，尤其是妈妈，往往是看到别人在干什么，他就要干什么；听到别人在说什么，他就会说什么。

大约到了3岁的时候，孩子大多都知道自己的性别了，这时候，他开

始模仿同性成人的行为、举止。比如，女孩喜欢穿妈妈的高跟鞋，会学着妈妈的样子化妆。这对孩子以后的行为发展起着重要的作用。

随着年龄的增长和探索范围的扩大，孩子的模仿不再仅仅局限于成年人，而是喜欢模仿周围的小朋友，模仿电视、动画片、故事中的人物形象。比如，女孩喜欢模仿公主、仙女，穿着漂亮的衣服，头戴薄纱，手拿仙女棒；男孩喜欢模仿奥特曼、孙悟空，在房间里上蹿下跳、跑来跑去，和妖怪作战。

然而，由于孩子的知识有限，判断是非、善恶、美丑的能力较低，所以对别人的一举一动，不管是好是坏，是安全还是危险的，他都会模仿。

对此，应该如何更有效地引导孩子呢？

保护孩子的模仿兴趣和积极性

孩子从牙牙学语，到一举一动，都离不开模仿和学习。可以说，模仿是孩子最先获得知识、认识世界，并逐渐形成自我意识的一种有效手段和途径。所以，应该理解、保护孩子的这种学习权利，不要打击和限制他。

比如，在模仿敏感期内，孩子看到你在洗碗，很可能会产生模仿欲望，也想学着你的样子洗碗。这时候，你应该给孩子盛一盆水，拿几个不怕摔的塑料碗或盘子，指导他洗碗，即使是把衣服、地板弄湿了，弄脏了，也没关系。因为，孩子只有亲身经历了，才能得到心理满足和成长。

鼓励孩子的良好模仿行为

一天，3岁的女儿看到妈妈在擦餐桌，觉得很有趣，便拿出自己的小手绢，学着妈妈的样子擦客厅的茶几。

当妈妈看到女儿在笨手笨脚地擦茶几时，她高兴地说："宝贝这么小就懂得帮妈妈做家务了，真是个好孩子。"

听到妈妈的夸奖，女儿高兴地笑了，更加用尽全力擦茶几了。

试想，如果妈妈当时说"你就别来这里搅和了，到一边去玩吧"，孩子还会用尽全力做吗？恐怕不会，她可能以后都不会再过来帮妈妈做家务了。

所以，当孩子有良好的模仿行为时，要及时给予鼓励和表扬，这样不仅能让他体验模仿带来的愉悦感，还会强化他的良好行为。孩子对正确事物或好的行为模仿得越多，积累的生活经验就会越丰富，想象和思考的空间就会越广阔，创造的灵感也就会越活跃。

漠视孩子的不良模仿

一天，儿子突然对妈妈说："你是大猪头。"

妈妈生气地说："跟谁学的啊？"

"幼儿园的小叶。"

"你怎么就不能学点好的呢？以后不许说了。"

尽管妈妈给儿子下了"不许说"的禁令，但是儿子仍然重复着那句话。

男孩对妈妈说"你是大猪头"时，也许并不知道这句话是骂人的话，并不知道这样说是错误的。因为，对于处在模仿敏感期的孩子来说，他只是因为有趣、好玩而模仿，根本不会把自己的行为与对错挂上钩。但是，由于妈妈有强烈的反应，并明令禁止他再这样说，反而调动了他的好奇心，他感受到这种语言的神奇力量，变得更喜欢说这一类的语言。

其实，这是孩子在语言敏感期中的正常表现，面对孩子不良的模仿行为，可以冷处理，即不予理睬、不闻不问。当孩子发现自己的模仿不被人关注时，他就会觉得没意思。一段时间之后，他自然就会放弃这个无聊的游戏。

另外，孩子的不良模仿背后隐藏的是判断力的缺乏。所以，要帮助孩子建立正确的判断力，从而让他有选择地模仿。比如，孩子喜欢看动画片，我们就可以以此为素材，与他一起讨论动画片中的人物形象，引导他正确评价各种人物，多向他介绍一些正面的、积极的人物。

不要刻意让孩子去模仿

妈妈是孩子的主要模仿对象，所以要努力做个好榜样。不过，千万不要刻意让孩子去模仿。如果孩子缺乏心理准备，缺乏认知、理解能力，这种刻意要求的模仿未必能有良好的效果。所以，我们只要注重自己的语言习惯、衣着打扮、待人接物等方面的表现，至于孩子是否会模仿，顺其自然就好。

六、
自我意识敏感期

孩子在 2~3 岁的时候，会进入一个奇怪的"反常"时期：不管我们对他提出什么要求，他都会无一例外地说"不"；让他与其他小朋友分享玩具或食物，他会非常不友好地说"这是我的"；他甚至会从别人那里"偷"东西……其实，这些"反常"的行为是在向我们发出信号：孩子已经进入了自我意识敏感期。

52. 善于体察孩子的细微变化，读懂孩子的自我意识敏感期

孩子刚来到这个世界上的时候，没有自我，是和外在的世界浑然一体的。在生命的初期，由于他对父母，尤其是妈妈非常依赖，他总觉得自己与父母是一体的。但是，随着年龄的增长，孩子很快就意识到，他与父母及他人之间是分离的。

可以说，孩子的成长过程是一个自我建构的过程，伴随着以下几个重

要的里程碑：

第一，孩子从剪断脐带的那一刻开始，便不再依赖母体而生存了；

第二，当孩子进入断奶期的时候，他不再单纯地依赖母乳而生存，这时，他在独立的道路上又迈进了一步；

第三，孩子一旦学会了行走，他不必依赖任何人就可以到达任何想去的地方，探索一切有趣的事物；

第四，当孩子学会说话之后，他就能够自如地表达自己的需求，并开始与人交流，这又是一次独立的飞跃；

第五，当孩子到了两岁左右的时候，他开始逐步摆脱对成人的依赖，凡事都要自己做，并开始以自我为中心，想把自我与他人区分开。

在这个过程中，孩子慢慢感觉到"我"的存在，慢慢形成自我。那么，孩子又是如何表达"自我"的呢？

一开始的时候，孩子会无缘无故地咬人、打人，试图以此告诉我们"我不喜欢""我不同意"。但是孩子的这一时期很快就会过去，接踵而来的就是喜欢说"不"，这是他自我意识萌发的表现。

慢慢地，孩子会产生私有观念，他会明确地指出"这是我的"，他不允许任何人动他的东西，不愿意和别人分享任何东西。总之，在孩子的眼中，什么都是"我的"，把什么都说成"我的"。

在我们看来，孩子变得越来越不顺从、越来越不听话了，甚至有些叛逆、自私、霸道。其实，这种所谓的"叛逆""自私""霸道"恰恰说明孩子已经长大了，他的自我意识已经觉醒了。孩子开始通过"我的""不"等字眼来感受"我"与他人分离的快乐。

孩子在建构自我的过程中，会逐渐形成良好的意志和优秀的品质，这也就形成了一个人的核心部分。而且，更高层次的独立也会随之而来，会促使孩子依靠自己的力量去了解、认识世界，去融入和适应社会。

在孩子的自我意识敏感期内，如果我们没有察觉到孩子自我意识的萌芽，甚至用强制性的手段打压他，那么他就会成为一个丧失自我的人，就很容易在别人的目光中迷失自己，势必会屈从于别人。如此一来，孩子又怎能立足于社会，又怎能成就一番事业呢？

而且，从长远角度来看，这里所指的自我意识，并不是"以自我为中心"的一种心态或思维，而是正确认识自我的一种能力，而孩子能否正确认识自我，是决定其心理是否健康、保证其人格是否强大的一项重要指标。

所以，要善于体察孩子的细微变化以及他在自我意识敏感期的种种行为，不要无视或斥责他，而是要引导和帮助他，从而使他顺利地度过这一敏感期，成长为一个独立的人。

53. 不管对孩子提出什么要求，他都一概说"不"

——说"不"是孩子证明自我存在的方式，是他自我意识的正常表现，要合理引导

最近，3 的女儿明显地叛逆了，常常把"不"挂在嘴边，不管妈妈对她提出什么要求，她都会以"不"来表示反对。有一次，外面天气有些凉，妈妈给女儿拿了一条长裤子，并对她说："外面有些凉，今天穿长裤子吧。"女儿立即回应："不，不……"

这个女孩之所以会有这种表现，是因为她已经从依赖顺从的婴儿期过渡到独立自我的幼儿期，有了强烈的自我意识。孩子日益频繁地使用"不"这个字，正是他人生的第一个独立宣言。

孩子之所以喜欢说"不"，是因为他希望用否定性的表示来证明自己的存在，来表明"我和你"是有差别的，从而体验到自己与他人分离及

"我说了算"的快乐。由于孩子开始认识到自己的力量，并难以接受他人的想法，所以他的"自我中心"倾向会越来越明显。

其实，这是孩子自我意识的正常表现。所以，千万不要和孩子"硬碰硬"，而是努力与他和平相处，并给予他巧妙的引导，帮助他逐渐走出以自我为中心的倾向。

不要和说"不"的孩子"较劲"

当孩子的自我意识逐渐增强时，他动不动就会向父母展示他的自我。比如，让孩子吃饭，他会说"不"；让孩子洗澡，他会说"不"……

在这种情况下，很多妈妈就会产生这样的想法，"这么小就学会和我作对了，那还了得，必须扳过来。"于是，这些妈妈就会强迫孩子去做该做的事情，在这个过程中甚至不惜大吼大叫。

结果，越和孩子"较劲"，他的"不"就越多。如果孩子在我们的强迫下做了不想做的事情，就会产生强烈的不安全感，势必会破坏他自我意识敏感期的发展。所以，千万不要和处在自我意识敏感期的孩子"较劲"，而是尽量顺从他的意愿。没准，孩子会主动去做自己该做的事情。

理解孩子说"不"的心理

在自我意识敏感期，无论孩子做出什么样的拒绝行为，都是没有理由的。因为，孩子在这个时候还不会理性地思考问题，他只是在证明自己与别人是分离的。所以，要学会理解孩子说"不"的心理，并尽量尊重他的意愿。如此一来，孩子才会愿意与你合作，才会顺利地度过这一敏感期。

巧妙地引导爱说"不"的孩子

最近，儿子处于自我意识敏感期，无论妈妈要求他做什么事情，他都会毫不犹豫地拒绝。后来，妈妈找到了一个"妙招"。

比如，到了睡觉的时间，妈妈不再像以前那样对儿子说"我们去睡觉"，而是直接把他抱到床上，如果他挣扎着说"我不睡觉"，妈妈就会温和地对他说："我知道你不想现在睡觉，你可以在床上玩一会儿。"

再比如，到了吃饭的时间，妈妈会这样对儿子说："这是宝贝的小椅子，谁来坐着它吃饭啊？这是宝贝的碗筷，谁来用它吃饭啊？"每当这时，儿子就会一边往餐桌跑一边说："这是我的，我要用它们吃饭。"

这是多么有智慧的一位妈妈啊！她巧妙地化解了孩子的反抗心理，既没有破坏孩子的自我意识敏感期，又让孩子做了应该做的事情。看来，只要妈妈了解了孩子自我意识的发展过程，根本不需要和他"较劲"，也根本用不着什么吼叫，就可以巧妙地引导他与妈妈合作。

54. 孩子会明确地表示"这是我的"

——要了解孩子自我意识的发展阶段，善待他的"自私"，不强迫他去"分享"

大多数妈妈都有这样的体会：孩子不愿意与其他小朋友分享玩具，不愿意让别人碰他的东西，如果有人碰了，他就会明确地说："这是我的。"对于两岁左右的孩子来说，好像什么都是"我的"，即使是最亲爱的妈妈，也别想与他分享。

有一天，妈妈给女儿买了她最爱吃的蛋糕，当妈妈也想要吃一块的时候，她马上把购物袋藏在身后，然后坚定地说："不，这是我的，妈妈不能吃。"

妈妈试着给女儿讲道理："你要懂得与人分享，你愿意把东西分享给别人，别人才愿意把东西分享给你，再说了，这是妈妈给你买的，你总得让妈妈吃一块吧？"

没想到，女儿仍然坚定地说："这是我的。"

妈妈看到女儿的表现感到非常诧异，这到底是自我意识敏感期的表现？还是女儿天性比较自私呢？

面对孩子的这种表现，可能很多妈妈都会有这位妈妈的想法。其实，孩子的这种表现与自私毫无关系。

首先，要了解孩子爱说"这是我的"的原因。

当孩子的自我意识觉醒之后，他会发现，自己与他人之间是分离的。那么，孩子要如何区分自己与他人是不同的呢？事实上，孩子最初就是通过每个人所拥有的物品来区分的。也就是说，孩子是用"这是我的"来区别自己和他人是不同的。当这个物品完全属于孩子的时候，他才会真真切切地感觉到"我"的存在。

其次，要弄清楚自私和自我的区别。

当利益发生冲突的时候，孩子选择损害他人的利益而满足自己的利益，这就是自私。当孩子按照自己的心理、情感、意愿、意志支配自己的行为时，这是自我意识的体现。

由此可见，孩子爱说"这是我的"，不是自私的表现，而是自我意识发展的正常表现，是孩子建构自我、走向独立的开端。

善待孩子的私有观念

当孩子发现自己和他人是分离的时候，他的私有观念就渐渐形成了，他会时刻看着"我的"所有东西。这时候，不要随意定性孩子的行为，更不要批评他、呵斥他、吼他、惩罚他，而是要满足他的成长需求，善待他的私有观念。

比如，在生活中，可以有意识地对孩子说一些诸如"这是爸爸给你买的，它就属于你了""这些物品都是你的，你要看护好它们，要负起责任来"之类的话。这样，孩子就会得到极大的满足，内心的"自我"就会变得非常强大，从而有利于他自我意识的形成。

不要强迫孩子分享属于他自己的物品

大多数妈妈都持有这样一种传统观念：懂得与人分享是一种良好的美德，所以就教育孩子要学会与他人分享。的确，孩子在成长的过程中需要学会分享，他也会在分享的过程中获得快乐。

然而，当孩子的自我意识还没有完全形成的时候，就教他把自己的物品分享给他人，这是不科学的。因为，孩子刚刚发现自己可以拥有一些东西，正在体验自己与他人分离的快乐，这时候，如果你强迫他去分享，就会让他产生强烈的不安全感。试想一下，在这种不安全感的影响下，孩子的自我意识和人格还能得到健康的发展吗？

所以，孩子在自我意识敏感期内，有权分享自己的物品，也有权不分享。我们不要以道德观来评判孩子，更不要强迫他去分享。

引导孩子学会与人交换

在自我意识敏感期，孩子虽然不愿意与人分享，但是可能喜欢与他人交换东西。因为，这一行为并不违背孩子的私有观念。而且，孩子在交换的过程中，会把"我""你"的界限划分得更加明显。如此一来，孩子的自我意识会得到进一步的发展。

所以，在平日里，要引导孩子学会交换。比如，带孩子出去玩的时候，鼓励他与其他小朋友交换着玩彼此的玩具。当然，这一切都要建立在孩子自愿的基础上，千万不要强迫他。

55. 孩子占有欲强，从别人那里"偷"东西，还可能撒谎

——不要以为孩子的道德品质出现了问题，如对此"严加管教"，可能会适得其反

孩子在自我意识形成的初期，会产生"以自我为中心"的意识，凡事

都会从"我"出发，认为很多东西都是他的。慢慢地，孩子可能会因为好奇心和占有欲而强烈地占有可以触摸到的东西，甚至会从别人那里"偷"东西。

3岁半的儿子很喜欢放学后拿着玩具到广场上去玩，每当他看到其他小朋友的玩具时，总是忍不住想占为己有。妈妈意识到，孩子的这种行为是不对的，便经常教育他"不能偷拿别人的东西"。

有一次，儿子把幼儿园的一个玩具小汽车偷偷地拿回了家，当妈妈询问他是否是从别人那里拿来的时候，他竟然撒谎说是老师送给他的。妈妈很担心，孩子这么小就有这种坏习惯，长大了可怎么得了。

很多妈妈会像这位妈妈一样，对孩子的"偷窃"行为表现得格外敏感、紧张，甚至害怕他会"小时偷针，大时偷金"。其实，对于三四岁的孩子来说，他对"你我他"的概念还是比较模糊的，总是希望拥有自己喜欢的所有东西，所以就会想办法占为己有，

这与偷窃有着本质的区别。而且，当孩子慢慢长大后，这种"以自我为中心"的意识会逐渐淡薄，从别人那里"偷"东西的行为也会逐渐消失。

所以，当孩子私藏别人的东西时，我们不要大惊小怪，不要用苛责的语言责备他、冲他吼叫，更不要因此而惩罚他。当然，也不能对此放任不管，而是要认真分析原因，寻找教育对策，采取正确的方式对待他。

不要逼问孩子"是从哪儿偷拿的"

当发现孩子莫名有了新玩具或其他东西的时候，请一定要控制住自己的情绪，要保持平和的心态，而不要直接逼问他"是从哪儿偷拿的"。因为，这样只会给孩子造成很大的压力，甚至会逼迫他说谎。

当然，这并不代表对此不闻不问，而是应该引导孩子把事情的经过和自己的想法表达出来，这样才有利于解决问题。比如，孩子突然多了一个洋娃娃，就可以对他说："这个洋娃娃真漂亮，妈妈好像在××家见过。"这时候，他可能就会说"就是从他那里拿的"或"不是他的，是××的"。接下去，我们就可以顺着事情的发展趋势，给予孩子合理的引导。

不要给孩子贴上"小偷"的标签

有的妈妈发现孩子有"偷窃"行为时，会因此冲他大吼大叫，还会惩罚他，甚至给他贴上"小偷"的标签。如此一来，不仅会给孩子的自尊心造成很大的伤害，还会让"偷窃"成为他强烈的心理需求，从而使他变本加厉地偷拿别人的东西。

所以，只要适时地告诉孩子"这个玩具是××的，不能随便拿""这个东西是幼儿园的，不能拿回家"，他就会明白，别人的物品与自己的物品一样是不容侵犯的，自己不能占有别人的东西。

同时，还要鼓励孩子归还物品。但要注意两点：第一，不可以代替孩子归还；第二，孩子归还物品的行为一定是自愿的，而不是被迫的。

引导孩子学会从别人那里借东西

《弟子规》中讲道："借人物，须明求，倘不问，即为偷。"对此，要给孩子传递这样一种思想：如果你想借用别人的东西，一定要征得别人的同意。比如，孩子想玩其他小朋友的洋娃娃，就可以这样引导他："妈妈知道你喜欢这个洋娃娃，不过，它是别的小朋友的，如果你想玩的话，就先要问问这个小朋友可不可以借给你玩。"如果孩子还无法自如地表达自己的想法，那就可以代替他说，等他学会表达了之后，再让他自己去询问。

第三章

不吼不叫，
捕捉 3~4 岁孩子的敏感期

———

　　不知不觉，你的孩子已经三四岁了，这时他就会陆续进入执拗敏感期、追求完美敏感期、人际关系敏感期、色彩敏感期等。在此期间，他开始变得叛逆，你越是不让他玩儿他就偏要玩儿，不让他干他就偏要干；不愿意洗手、刷牙、洗脸、睡觉……还可能会打小朋友的屁股和布娃娃，故意摔坏自己的玩具；很爱"臭美"，对一些事物、环境很挑剔，对自己做事的要求比较高；喜欢支配物品，喜欢"不等价交换"，还可能会与别的小朋友争抢玩具，甚至因为抢不过来而引发"战争"；喜欢涂色笔、涂色书，热衷于涂色……这也是 3~4 岁这个年龄段孩子的一些特有表现，十分正常，他并不是在挑衅你，也不是要挑战你的权威，你大可不用愤怒，更不必冲三四岁的孩子口出狂言——大吼大叫地"教育"一番。你需要做的，就是不吼不叫，捕捉孩子的敏感期，跟他一起成长，一起进步。

当孩子到了三四岁的时候，我们会发现他不再像以前那样听话了，动不动就和我们对着干，而且只要是他认定的事情，就必须得按照他的想法来，否则他就大哭大闹。孩子之所以会变成这样，是因为他已经进入了他人生中的第一个反抗期，即执拗敏感期。

56. 孩子开始叛逆，读懂孩子的执拗敏感期

先来看一位妈妈的苦恼：

妈妈最近常常因为儿子的任性而头痛，她不明白只有三岁半的儿子为什么那么逆反，又那么固执。不让他把垃圾到处乱扔，他偏要扔；让他向人打招呼，他偏不吱声；叫他不要去动那些危险的东西，他偏要去尝试……总之，每件事都要按着他自己的意愿去做，稍不合他的心意就哭闹不休，而且一点儿也不听哄劝。

这个小男孩的逆反和固执是他处于执拗敏感期的典型表现。一般来说，孩子的执拗敏感期在两岁左右时就会有所表露，不过，这一敏感期却在 3~4 岁这个年龄段高发。

在妈妈的眼中，处于这一时期的孩子常常是不可理喻的。事实上，孩子的逆反、执拗只是一种表面现象，其中蕴含着孩子成长的很多秘密。

执拗敏感期是孩子心理发展必然要经历的一个阶段，也是他的自我意识逐渐形成与发展的结果。随着年龄的增长，孩子的自我意识不断增强，观察与探索的能力也在日益提高。渐渐地他会发现，原来自己与他人、与这个世界是相互分离的，他是个独立的个体，而且他所能控制的事物原来如此之多。所以，处于执拗敏感期的孩子，一般都喜欢按照自己的意愿去

做事，而且他的这些想法和行为常常是难以变通的，因为他从中可以体会到"自我"的力量。

此外，孩子执拗敏感期的形成，与他对秩序的固执和执著也有着很大的关系。当孩子进入秩序敏感期后，他希望所有的事情都能按照他心中固有的秩序来，可是，他的这一需求常常会被忽视，或是被破坏掉，这让他的心中充满了不安，于是，他通过哭闹、反抗和执拗来表达内心的焦虑与不安。

如果不了解孩子在执拗敏感期的这些秘密，不理解他固执、逆反的原因，没有采取恰当的应对措施，只顾着自己生气或是向他发泄怒气，对他吼叫甚至打骂，那么我们将错失孩子的执拗敏感期，给他的心理造成伤害、留下伤痕，并会阻碍他自我意识的正常发展，增强他内心的不安全感。

所以，当孩子的执拗敏感期到来时，当孩子要"闹独立"时，当他想要按照自己的意愿去做想做的事情时，我们都不要与他"硬碰硬"，也不要大吼大叫，而是要坦然地接受他的这一成长阶段，还要学会变通处理，做到以"智取"为胜。

当孩子内心中的"自我"和内在的秩序感得到我们的理解和尊重之后，当他的认识水平和智力水平逐步提高时，他将在妈妈的陪伴下，顺利地度过人生中的第一个反抗期——执拗敏感期。

57. 不让孩子玩，他偏要玩；不让他吃，他偏要吃；让他读2，他偏要读3……

——不要气愤，要理解孩子，否则会"两败俱伤"

处于执拗敏感期的孩子通常都有自己的主见，会按照自己的想法去做事，所以显得很倔强、固执。此时，如果你无法控制自己的脾气，以强硬的态度来对待孩子，甚至失去理智地跟他不停地较劲，那么，很可能会导致"两败俱伤"的结果，不但孩子觉得委屈、难受，你也会感到生气、无奈。

早上一起床，快 4 岁的儿子就吵着要玩轨道小火车。妈妈对他说："咱们晚上再玩！早上时间紧，妈妈要上班，你也要上幼儿园，没有时间拼装火车道。"可儿子就是不听，说什么都要玩，妈妈被他闹烦了，生气地对他大声说道："不让你玩，你偏玩是吧！怎么这么不听话呀！你再闹，我就把轨道小火车扔掉！"儿子听后大哭起来，后来他连早饭都没吃，哭着被妈妈送去了幼儿园。

这个小男孩之所以这么犟，是因为他已经进入了执拗敏感期，像他这种不让他玩，他偏要玩的情况，是很多孩子在这一时期都会有的表现。

此时，孩子的倔强和不配合可能会表现在各个方面，比如，不让他吃冰淇淋，他偏要吃；让他往东，他偏要往西；让他读 2，他偏读 3……总之，他就是处处与妈妈对着干。

于是，妈妈开始不耐烦了，生气了，不是大声地吼孩子，就是对他进行威胁恐吓，甚至动手打他。在这种情形下，孩子当然会越哭越厉害，而我们也会感到越来越气愤。这种两败俱伤的事情，既会伤害到孩子稚嫩的心灵，又会造成家庭的不和睦，还会影响我们与孩子的关系，实在是有百害而无一利。

那么，面对孩子的固执和倔强，应该怎样做呢？

多了解关于孩子执拗敏感期的常识

要想与处于执拗敏感期的孩子和睦相处，就要对他在这一成长时期的特点有所了解，多学习一些有关孩子执拗敏感期的常识。

为此，可以翻阅书籍、查阅文章，还可以与身边一些有经验、懂得孩子心理的家长多多沟通，把自家孩子的问题与他们聊一聊……

当你知道孩子的倔强和执拗与他的成长特点有关，了解了执拗敏感期这一概念及其相关常识后，就可以理解并接纳孩子的执拗行为了。

给予孩子足够的理解和尊重

处于执拗敏感期的孩子，并不是故意执拗的，也没有什么目的性，执拗只是他的自我意识和内在秩序感发展的结果。而且，孩子执拗地发脾气、不停地要求我们"听他的"，往往是因为他的意愿受到了阻碍，内心的秩序遭到了破坏，心里有了强烈的不安全感，所以他才会拼命反抗。

因此，当孩子进入执拗敏感期时，当他表现得很固执、倔强时，要给予他足够的理解和尊重，尽量去满足他的非原则性要求，多顺着他去做，尊重他的内在秩序感，而不是按照父母自己的想法，一板一眼地去要求他，或是阻止他做这、做那。

用巧妙的方法变通地与孩子沟通

当孩子处于执拗敏感期时，他一般会表现得很"强硬"，根本就不听妈妈的商量和哄劝。此时，如果妈妈非要与他"硬碰硬"的话，只会落个两败俱伤的结果。所以，应该学会"以柔克刚"，用巧妙的方法变通地与他沟通，和缓地引导，让他不再那么执拗。

比如，可以用有条件的暂时妥协、转移注意力、寻找新的代替目标等方法来与孩子沟通，以便使他可以自然而然地接受你的建议。

58. 孩子对洗手非常排斥，给他讲道理也不听

——孩子并非故意"刁难"，要了解他的心理，掌握"帮助他"的小妙招

一位妈妈发现4岁的女儿最近养成了一个坏习惯，就是不爱洗手，而且不论怎样说她，她都不肯去洗。这让妈妈在生气的同时，也有些无可奈

何，每天都要在吃饭前与女儿进行这样一番对话：

"孩子，该吃饭了，咱们去洗手吧！"

"我不去！"

"那妈妈拿湿纸巾给你擦擦好吗？"

"我不擦！"

"你看你的手多脏啊！待会儿吃饭时这些脏东西会跑到你肚子里，你肚子会痛的。我们还是先去把手洗干净了吧，好不好？"

"不好！不好！"

"不洗手就不让你吃饭！"

"不，我就要吃！"

……

每次争论的结果，就是妈妈强行把女儿拉去洗了手，而女儿也总会以大声哭闹来表示她的反抗，有时甚至因此而拒绝吃饭。

像这个小女孩不愿意洗手的情况，在很多处于执拗敏感期的孩子身上都出现过，如果你像这位妈妈一样，动不动就和孩子因为洗手的事情"唇枪舌剑"一番，或是硬拉着他去洗手的话，你也会遭到孩子同样的反抗。

这是因为，不愿意洗手是孩子在执拗敏感期的正常反应，并不是他在故意为难你。此时，对孩子讲大道理，乞求他的合作，或是强制他去洗手，都是不科学的做法。而且你越是这样做，孩子就越不会配合。

尤其是强行让他洗手的做法，会让孩子觉得自己很弱小、很失败。这种做法不但会伤害到孩子的心理，还会引起他更大的反弹，以后会更加排斥洗手这件事。

所以，应该用更有智慧、更迂回的做法来引导执拗的孩子去洗手。就拿前面提到的案例来说吧，如果那位妈妈转变一下自己的教育方式，不那么直接而强硬地要求女儿去洗手的话，可能孩子的行为就会有很大的转变。

下面来看看另一个场景吧！

快吃饭了，妈妈对女儿说："乖孩子，我们去洗一下手，准备吃饭好吗？"

女儿倔强地回答说："不好。"

妈妈一点儿也不在乎地说："好吧，既然你不愿意洗手那就别洗了！"说完，就自顾自地坐在餐桌前吃起饭来。

女儿奇怪地看了一眼反常的妈妈，说道："妈妈，我吃饭不洗手，手上的脏东西要是进到我肚子里怎么办？我会肚子痛的。"

妈妈皱起眉头，假装发愁地说："是呀，那该怎么办呢？"

女儿显得十分懂事地说："妈妈，要不你用湿纸巾给我擦一下吧！"

妈妈趁机说："好啊，这个办法好！那妈妈就听你的，给你擦擦手吧！"

看，同样的事情，因为妈妈的态度和方式不同，结果也大不相同。妈妈对孩子小小意愿的满足，会让孩子觉得自己受到了尊重，在与妈妈的对抗中取得了"胜利"，进而就不会在洗不洗手这件事上执拗、纠结了。

此时，有些妈妈可能会说，如果孩子对我们不再要求他去洗手这件事情没有感到好奇，不主动提擦手的事情怎么办？

这也不难，可以用转移注意力的方法来达到我们的目的。比如，可以给不肯洗手的孩子准备一块颜色鲜艳、形状漂亮而可爱的香皂或手巾，以引起他用它们去洗手、擦手的欲望；也可以用一些可以在水盆里玩的小玩具来吸引他去洗手；还可以用干净、漂亮的小勺子、小饭碗等餐具来与他的小脏手做一下对比，让他可以自觉地去洗手；还可以通过一些相关的绘本故事，引导孩子去洗手。

总之，只要掌握了孩子在执拗敏感期的心理特点，掌握了应对他执拗的方法，孩子就会乖乖地去洗手，其他的执拗行为也会减少很多。

59. 打小朋友的屁股和布娃娃，故意摔坏自己的玩具……

——我们要反省自己的行为，如果对孩子进行"暴力教育"，他也就学会了暴力

今天，很多妈妈对"不听话"的孩子都没什么耐心，动不动就冲他大吼大叫，甚至施以暴力。尤其是当孩子淘气、耍脾气、执拗、倔强的时候，这些妈妈常常会因为心情烦躁而失去理智，对孩子大打出手。

对孩子施以暴力，孩子会学到些什么呢？他又会有怎样的表现呢？

幼儿园的老师向一位妈妈反映，说她的儿子最近有点暴力倾向，动不动就没有缘由地推搡其他小朋友，还经常趁小朋友不注意时，打小朋友的屁股。

妈妈起初不太相信儿子会那么暴力，不过，她开始留心儿子的举动。结果她发现，儿子的问题真的很严重。他不但把家里的毛绒娃娃扯得缺胳膊断腿的，还会故意摔坏自己的玩具。

儿子为什么会变成这样呢？妈妈开始反省起来。

原来，3岁多的儿子最近总是和妈妈对着干，而且还经常耍小脾气。这让妈妈觉得非常烦躁，于是，妈妈除了大声地冲他吼几句之外，还会当着他的面摔东西，有时甚至会抬手就在他的小屁股上拍两下。没想到，这让儿子学会了使用暴力。

确实，处于执拗敏感期的孩子要起脾气来，有点儿让人受不了。可是，如果你因此就对孩子大吼大叫、大打出手，是非常不理智的。因为虽

然孩子可能会在你的暴力之下暂时屈服，但是暴力却对他的心理造成了巨大的伤害。而且，孩子往往会模仿和延续你的暴力行为，并会找机会将自己心里的委屈和怨恨以暴力的方式发泄出去。

上文那个小男孩的案例，正是这个问题的体现。

在这种情形下，如果妈妈不能及时地发现问题，不能好好地反省自身的问题，继续对孩子使用暴力，那么，当有一天，孩子只会用暴力去解决问题时，妈妈一定会后悔不已。

所以，不能以暴力的手段去处理孩子在执拗敏感期所出现的问题，而是要学会控制自己的坏脾气和不恰当的行为，调整我们的教育方法，对孩子多一些宽容与忍耐，不随便对他大吼大叫，更不能以打骂的方式教育孩子。

此外，在教育孩子时，尤其是当他又开始执拗时，父母双方的教育意见最好保持一致，不要一个唱"白脸"，一个唱"红脸"，否则不能让孩子明白他自己是否做错了，而且还有可能让他学会"钻空子"，总是依赖祖护他的一方，认为自己不听话也没关系，反正有人会护着他，这将不利于孩子良好性格的形成。

还有一点需要注意，当夫妻双方在教育孩子的问题上产生矛盾和分歧时，不能当着孩子的面起冲突，一定要互相多忍让一些，等孩子不在跟前时，再去讨论解决问题的方法，否则很可能会导致家庭关系的恶性循环，还会伤害孩子的心理，使他心生恐惧，不知所措。

总之，对待正处于执拗敏感期的孩子，要多理解他，多对他进行有智慧的引导，而且夫妻要齐心协力，一起为孩子的成长而努力，这样才能帮助他更好、更顺利地度过执拗敏感期。

二、

追求完美敏感期

追求完美是人类的天性，是从孩童时代就开始出现的一种本能反应。当孩子长到 3 岁左右的时候，他会突然开始变得挑剔、爱美。 比如，有瑕疵的水果不吃，不漂亮的衣服不穿、图画得不好会哭泣……这些表现标志着他已经进入了追求完美的敏感期。

60. 追求完美是孩子的天性，读懂孩子追求完美的敏感期

说到三四岁的孩子"追求完美"，有的妈妈可能会说："这么小的孩子知道什么是完美？就是瞎闹腾罢了!"这种看法是错误的，因为追求完美是孩子的天性，它能给孩子带来一种精神上的快乐和满足。孩子现在追求完美，懂得"爱美"，长大后才能更认真、更严谨地去做事，才能更快乐地去生活。

不论是男孩还是女孩，长到 3 岁左右的时候，都会表现出一种追求完美的审美倾向。比如，他会挑没有瑕疵、完好无损的食物来吃，他会为自己的衣服没有其他孩子的衣服漂亮而伤心，也会为自己搭不好积木、画不好画而大发脾气，还会对妈妈的化妆品和高跟鞋产生浓厚的兴趣……孩子的这些表现说明，他已经进入了追求完美的敏感期。

事实上，孩子追求完美的敏感期是对他的审美敏感期的一种延伸。在前面章节中已经提到过，孩子的审美和追求完美最初是从吃开始的，那些不完整、不完美的食物会令他感到痛苦，所以他就会拒绝吃那些食物。

随着孩子年龄的增长和自我意识的发展，他对事物完美性的关注度也越来越高、越来越广泛了，而他追求完美的眼光也开始从食物转移到日常用品、自身形象以及环境、艺术品质等方面了。

在这种情形下，孩子会对自己所使用的物品提出更高、更完美的要

求。比如，他的玩具不能缺少零件，他的书包不能有磨损，他的袜子不能有漏洞，等等。而此时，他的审美敏感期也就逐步转化为追求完美的敏感期了。

这之后，孩子又将注意力的焦点放在了自身形象上。他开始要求我们给他买颜色鲜艳的衣服和鞋子，开始喜欢往自己身上戴一些亮晶晶的东西。尤其是女孩子，她此时已对漂亮的头饰和妈妈的化妆品痴迷不已。

伴随着孩子对自身形象要求的提高，他开始对所处的环境、所接触到的艺术作品等也有了完美的要求。所以，在生活中，当孩子身处整洁、优美、舒适的环境中时，他会显得非常高兴，而当他处于脏、乱、差的环境里时，他就会显得烦躁不安。

可见，当孩子处于追求完美的敏感期时，不可避免地会显得很挑剔，很爱"臭美"，也很不好"伺候"，而对妈妈来说，这无疑很令人头疼。

此时，如果你对孩子的这一敏感期不了解，不知道他在此期间的一些行为特征及其出现的原因，那么，你很可能就会批评、斥责、吼叫和阻止孩子的挑剔和"臭美"的行为，使他的心灵受到伤害，并可能会导致他放弃对完美的追求，错失良好的成长机会。

所以，要多理解、多体会孩子那颗不断追求完美的心，并多学习一些孩子追求完美敏感期的有关知识，以便用适当的方式给予他支持和帮助，和他一同成长。

61. 对自我产生审美要求，女孩对衣着服饰产生浓厚的兴趣

——理解并支持孩子的"臭美"行为，不要让孩子产生错误的审美观

有个女孩，别看只有3岁半，但她却非常爱美，每天早上都会为穿哪件衣服、梳什么样的头发、戴什么样的发卡而和妈妈争论不休。而且，只

要妈妈不注意，她就会把妈妈的口红、眼影等化妆品往自己的脸上一通乱抹，当妈妈发现时，她早就成了"大花脸"了。

看到女儿这样，妈妈既感到好笑，又有些担忧，她经常情不自禁地对女儿说："你这么小就爱'臭美'，以后长大了可怎么办啊？可千万别学坏了呀!"

对于不了解孩子的成长秘密，不知道孩子有追求完美敏感期的妈妈来说，有类似的担忧也很正常，但这位妈妈话里话外对孩子追求完美行为的否定，很可能会误导孩子，并使她产生错误的审美观，认为只要是爱美，就会学坏。这对女儿的正常成长以及个人气质的形成都会有不利的影响。

其实，孩子对自己外在形象的关注，对衣着服饰的挑剔，对化妆品的痴迷……并不仅仅是在追求完美，更多的是在发展她的审美智能，是在形成属于她自己的审美观。如果她追求完美的要求没有得到满足，那么她也就无法发展她的审美智能，也就很难形成正确的审美观了。

而且，处于追求完美敏感期的女孩常常会表现得很有主见，她会主动挑选要穿的衣服，会对自己的发型、装扮有所决断……这些对锻炼她的独立自主能力很有好处，而妈妈的过多干涉和阻挠，只会阻碍孩子的发展。

所以，当孩子产生自我审美要求时，当她对自己的衣着服饰产生了浓厚的兴趣时，对她的态度和教育方式一定要谨慎，不能阻碍她的正常成长。

不要随意嘲讽、斥责爱"臭美"的孩子

大冬天里要穿裙子，大热天里要戴丝巾，非要把闪亮亮的耳环别在衣服上……面对孩子的"固执己见"，一些妈妈在感到好笑的同时，也往往心烦不已。为此，不免会阻止她那些看起来可笑的行为，也会在被她闹得不耐烦时吼叫、斥责她几句。

这在妈妈看来也许没有什么，但对于孩子来说，她的自尊心及自信心

却受到了伤害。她会觉得自己认为的美，是妈妈所不认同、不接受的，而且还会觉得自己本身也受到了妈妈的否定。

所以，对于孩子的"臭美"行为，要多给予一些理解和支持，而不是一味地去吼叫、斥责、阻止她。

比如，当孩子大冬天里非要穿裙子时，可以把里面的衣服给她穿厚一些，或是在裙子的外面穿上大衣；当她大热天里非要戴丝巾时，可以将丝巾缠在她的手臂上；当她非要将耳环别在衣服上时，不妨买来一些与耳环上一样的小碎钻，给她粘在衣服上……

总之，只要肯用心，替孩子着想，支持她对完美的追求，就一定会想出恰当的办法来满足孩子在追求完美时的合理要求，并帮助她顺利度过追求完美的敏感期。

通过玩游戏、做手工，帮孩子形成正确的审美观

为了帮助孩子形成正确的审美观，满足她对衣着服饰的浓厚兴趣，可以带着她玩"过家家"的游戏。在游戏中，可以让孩子扮演妈妈或爸爸的角色，我们来扮演孩子，然后让她来打扮我们，负责给我们搭配衣服。此外，还可以带着她一起做手工，用布料和各种颜色的珠子、水钻，来给她的洋娃娃设计、制作各种各样的服装和饰品。

62. 对事物、环境比较挑剔，对自己做事的要求比较高

——允许孩子"任性"，他已从审美发展到追求完美，尝试给他制造一个参照物

随着孩子自我意识的发展，他对周围的事物、环境越来越敏感，甚至到了近乎挑剔的地步，而且他对自己做事的要求也越来越高，不达到他心目中完美的标准不肯罢休。

一位妈妈发现，儿子对很多事情都表现得非常敏感、任性，而且有时候对他自己也十分苛刻。

一天，妈妈刚从幼儿园把儿子接回家，他就着急要小便。手里正拿着东西的妈妈让他自己赶紧去卫生间，没想到他刚进去就在里面大声喊起了"妈妈——"。

妈妈听到后以为发生了什么事情，连忙放下东西快步走了进去。只见儿子手捂小腹，满脸痛苦地对进来的妈妈说："妈妈，快，这里太脏了！"

妈妈一看，原来有根头发粘在了坐便器上，她赶紧拿起来扔掉，儿子这才痛快地解决了小便。

还有一次，儿子向爸爸要纸，想画画，爸爸随手拿过来一张已经写了字的纸，反过来给他用。儿子拿起纸，来回翻着看了两眼，然后坚决表示他不用这张已经"脏"了的纸画画。

爸爸无奈地又给他找出了一张新的纸。可是，儿子在纸上画上几笔，看了一眼，然后就把它扔在一边，又重新拿起一张纸来画。

爸爸觉得他太浪费，就问他："你怎么不画完就把纸扔掉呀？这样太浪费了！"只听儿子理直气壮地回答："可是，我没有画好呀！当然要重画了！"

上面这个小男孩的行为，是孩子在追求完美敏感期的典型表现，是每个孩子都会经历的成长过程。此时，孩子不仅对周围的事物和环境有非常高的要求，对自身也十分苛刻。如果他的要求没有得到满足，或者他对自己所做的事情不满意，他就会拒绝做事情，或者大哭大闹地发脾气。

不能因此将孩子的这些表现简单地归结为任性、胡闹，也不能为此而批评、吼叫、苛责他。否则，会使孩子的内心非常痛苦，而且也有可能引发他的自卑感，让他认为自己没有能力做好一件事。那么，应该怎样对待这些看起来过于挑剔、任性的孩子呢？

尊重孩子的爱美之心，允许他"任性"

追求完美是人类的本能活动，孩子有这种心理和行为，说明在他幼小的心灵中，已经有了关于美的概念，这是孩子审美智能和自我意识都有所提高的重要表现，是非常值得我们高兴的事情。

所以，要懂得尊重孩子的成长规律和爱美之心，多了解一些他在追求完美敏感期内的心理特点和行为特征，用心去体察他内心的需要与不满，允许他有小小的、无伤大雅的"任性"，不遗余力地给予他所需要的帮助和支持，陪伴他一起愉快地度过追求完美的敏感期，培养出他对美的欣赏能力和制造能力，这将有益于他一生的发展。

制造参照物，降低孩子的完美标准

有时候，孩子由于自身能力的限制，并不能做到事事完美，在这种情况下，内心对完美无比执著的孩子就会感到非常痛苦，也有可能会自卑。

比如，当他画不好画时、当他不能用积木垒出完美的城堡时、当他无法把小手工做到满意时……他很可能会在发脾气的同时，否定自己的能力，否定自己本身。他会说出"我不能""我做不好""我真笨"等类似很自卑的话。

此时，有必要为他制造出一个复杂水平低于他能力的参照物，以降低他内心关于完美的标准，并给予他适当的鼓励，引导他从挫败、自卑的不良情绪中走出来。

比如，当你察觉到孩子沉浸在"过度追求完美"的泥潭中不可自拔时，你就可以对他说："宝贝，你已经做得很好了！妈妈像你这么大时做得还不如你好呢！你比我强多了！"

当孩子有了可以比较的参照物后，他会自动调整自己衡量完美的标准，进而对自己有正确而切实的认知，重新树立起自信，更好地去继续追求属于他的完美。

三、
人际关系敏感期

人际关系智能是孩子的基本智能之一，当他到了 3 岁左右的时候，他已经有了要与他人建立某种关系的需要，有了交朋友的渴望。随着这种心理需求的越加强烈，孩子逐步进入了足以影响他一生的人际交往的关键时期——人际关系敏感期。

63. 尝试与周围的人建立关系，读懂孩子的人际关系敏感期

在人际交往的过程中，孩子可以学会很多在书本上学不到的东西，比如，判断力、承受力、友爱、包容、察言观色……这些都是他将来与人交往的基础，也是他必须要掌握的社交技能。而孩子对这些技能最早的接触与锻炼，就是在他的人际关系敏感期时进行的。

人际关系敏感期是孩子在成长过程中一个很重要、很关键的时期，通常是在孩子 3 ~ 4 岁时正式拉开帷幕的，也就是在这一时期，孩子开始关注与周围人的关系，开始试图主动与他人进行交往。

最初，孩子常以食物为手段，试图建立与他人之间的亲密关系。比如，他会将平时自己爱吃的零食主动拿出来与他要交往的人分享，而他想的也是"我把好吃的给你，你跟我做好朋友"。

孩子通过这种分享食物的方式，确实很容易与其他孩子成为朋友，但是，不久他就会发现，这种通过食物建立起来的友谊是如此的脆弱和短暂，甚至有时会与吃完了的零食一起消失。这让孩子很痛苦，也很迷茫，不知如何才能让自己与他人的友好关系更长远、更牢固一些。

很快，孩子就会从迷茫中找到方向，有了新的、令人振奋的发现，即用自己的玩具与其他孩子进行交换，或是直接将玩具送给对方，他会更

快、更好地得到友谊。

有个 4 岁男孩，每天去幼儿园都要将自己的玩具带上几样。可是，当他放学回家后，妈妈发现这些玩具不是变了模样，就是少了一两个。起初几次，她还会问儿子是怎么回事，但几次下来得到的都是同一个答案——"和××换了""给××玩了"，妈妈后来也就心知肚明了。

原来，男孩拿自己的玩具到幼儿园与其他小朋友交换着玩，这个方法让他在幼儿园里很受欢迎，而且他还能玩其他小朋友的玩具。

像这个男孩用玩具换友谊的行为，是孩子在人际关系敏感期里的常见做法，而且一旦展开，就会在孩子之间很盛行。

可是，用不了多久，孩子又会发现，这种交换玩具的方法一点儿也不好，因为当他们想要回自己心爱的玩具时就会很麻烦，常常会因此与其他小朋友发生冲突，并导致与朋友"一刀两断"，而且成人也常常参与进来，不是责怪他将自己的玩具送了出去，就是批评他太笨，总是换一些"不值得的东西回来"。

不过，在互相交换和讨论玩具的过程中，孩子发现，原来有那么多的小朋友与他一样，都喜欢小汽车（或者洋娃娃），而且当他与有共同爱好的小朋友一起玩时，他们是那么快乐、那么亲密！于是，逐渐地，有相同爱好和共同话题的孩子玩到了一起，做起了朋友，而且相互之间不用交换食物和玩具，也能喜爱上对方，并能长期保持良好的关系，真正的友谊也就由此开始了。

随着孩子在人际关系敏感期所获得的知识和经验的增加，孩子最终会发觉，原来真正的好朋友，是与自己志趣相投的人，而要保持、发展友谊，也必须彼此理解、包容和支持。

64. 孩子喜欢支配和交换物品，那些交换很可能是"不等价交换"

——孩子正在拉开他人际关系的大幕，此时他对物品的价值没有概念，我们不必以成人的眼光去干预孩子的行为

快 4 岁的女儿从幼儿园回来后，兴奋地对妈妈说："妈妈，你看，这个发卡好看吗？"说着，就将自己手里的发卡拿给妈妈看。

妈妈问道："这是哪来的？"

"和我们班小朋友换的！"女儿回答道。

"换的？用什么换的？"妈妈好奇地问道。

"就是用我那个小芭比娃娃换的呗！"女儿毫不在意地说。

妈妈一听急了，她生气地说："你这孩子是不是缺心眼呀？那个芭比娃娃多贵呀！你怎么能用它换这么不值什么钱的发卡呀？"

女儿被妈妈突如其来的责备吓得有点懵，接着就委屈地哭了起来……

这个小女孩之所以会"有点懵""委屈地哭"，是因为妈妈不懂她成长的秘密，用成人的价值观去衡量她与小朋友交换物品的这一行为，并在无意中用话语讽刺和打击了她的自信心，使她的心灵受到了伤害。

在妈妈的责备下，小女孩很可能会认为自己与小朋友交换物品的这种行为是错误的，或是认为自己被小朋友欺骗了。而她的这种想法，将会使她与周围的人产生隔膜，也将不利于她与其他人建立亲密、良好的人际关系。

其实，孩子对于物品的价值是没有什么概念的，所以，他并不知道自己进行的交换是"不等价交换"，也不懂得自己在交换中是吃了亏，还是占了便宜。他乐于支配和交换物品，是因为这是他尝试着进行人际交往的需要，是他已经进入人际关系敏感期的一种表现，也是他在这一敏感期内本能的、自然的反应，他将由此拉开自己人际关系的大幕。

不要干涉孩子与他人交换物品的行为

如果我们对孩子交换物品的这一行为进行强硬的、不恰当的干涉，就会违背孩子成长的规律，误导他的思维和行为，使他无法形成正确的人际关系智能，进而阻碍他人际交往能力的正常发展，甚至很可能会对他一生的人际交往产生不良的影响。

不要拿成人的眼光看待孩子的交换行为

我们不能以成人的眼光去评价、干预孩子的想法和行为，更不能对他随意地加以责备和讽刺，而是应该顺其自然。当然，顺其自然并不是完全不管孩子，而是应该对他做一些必要的、有益的引导，以便帮助他顺利地度过人际关系敏感期。

引导孩子学会交换物品之后不后悔

虽然孩子与小朋友交换物品的目的是为了建立友谊，但有时候他会在交换物品之后感到后悔，还想要回自己的物品。为此，他很可能会与小朋友发生争抢，并就此与对方产生矛盾，从而影响、破坏了好不容易建立起来的友谊。所以，有必要引导孩子在交换了物品之后，对自己的行为负起责任来，不要再去后悔。

比如，可以对孩子说："既然你已经将东西给了别人，那么这样东西就是人家的了，你就没有再往回要的权利了。而且你看，你不也拿了人家的东西吗？如果人家再往回要，你是不是也会不高兴呀？"这样说，孩子就能明白，通过交换，物品已经有了新的主人，不能再由他来做主了。

此外，如果孩子对自己的交换产生了不满的情绪，就可以建议他以此为教训，在以后交换物品时，一定要想好了再与对方交换，否则就会像现在一样，心里很不舒服。

鼓励孩子的交换和赠送行为

对于孩子而言，交换物品的经历不是一种可有可无的简单游戏，也不是毫无目的的活动，而是他们在成长过程中必须要经历的一段过程和必须要做的一项"工作"，这是他们处于人际关系敏感期的重要标志。为此，我们有必要鼓励孩子的交换和赠送行为，刺激他与人交往的欲望。

比如，如果看到孩子总是想往幼儿园带很多的零食或玩具，而且他也表示了要与其他小朋友分享或是交换的话，就不要阻止他，而是应该认同他的想法，并时常给他准备一些方便携带的、健康的零食和小巧的玩具，以便于他交换。

此外，平时也可以主动引导孩子与其他小朋友交换、赠送零食吃，或是交换玩具玩，这对他人际关系的发展是非常有益的。

65. 孩子只是喜欢，就与小朋友争抢玩具，抢不过来还可能打起来

——孩子之间的事情，不由我们干涉，不要教唆孩子以牙还牙，要给他精神上的支持

古人说："君子不夺人所好。"可是，孩子们单纯、直接，根本不懂得掩饰自己的喜好和欲望。所以，孩子之间发生争抢事件是再正常不过的事情了。而且，他们之间的摩擦来得快，去得也快，前一秒钟可能还在你争我抢、互不相让，后一秒钟可能就会嘻嘻哈哈、继续友好地玩耍了。

不过，有些妈妈却认识不到这一点，总是将自己在社会上的竞争心态用在教育孩子上，看不得自己的孩子吃一点亏、受一点欺负，甚至想要让他处处"拔尖"，所以，就连他与其他小朋友争抢玩具这种事情也要插上一手，不是亲自上阵替自家的孩子"讨公道"，就是告诉孩子要"以牙还牙"。于是，孩子学会了霸道、报复等不利于他人际交往的性格。

一天，几个三四岁的孩子在社区公园里一起玩耍。突然，有俩孩子为了一根树枝争抢起来，其中一个孩子因为抢不过另外一个孩子，大哭了起来。在一旁聊天的妈妈听到他哭，赶紧跑了过去。

只见妈妈把他拉到一旁，皱着眉对他说："哭什么哭，抢不过别人还有脸哭！你使劲把东西再抢过来不就行了吗！"

这个孩子在妈妈的"鼓动"下，没一会儿就趁那个孩子不注意，将他手里的那根树枝又抢了过来，而且他好像害怕别的孩子再来抢他的"宝贝"，自己一个人跑到一边玩了起来。说来也怪，那群孩子见他这样，竟然没有一个肯主动过来找他玩的。

可见，这位妈妈的教育方式起到了消极的效果，既在无形中孤立了孩子，也让他害怕与别人交往。在这种情况下，他又怎么能与其他孩子玩到一起去，怎么能结交朋友呢？当然，别的孩子也不愿意再跟他交往。

其实，那些总是表现得很霸道的孩子，内心却是很脆弱的，他对人际关系有一种恐惧感，并且只会用暴力去解决问题。最重要的是，如果孩子在人际关系敏感期没有学会如何与人相处，如何结交朋友的话，那么他将来也不太会处理人际关系。

到底应该如何解决孩子喜欢争抢的问题呢？

不要斥责、讽刺孩子

当孩子在争抢中落败时，妈妈的吼叫、斥责和讽刺，如"你真笨""你怎么这么窝囊""你真是废物"等，只会伤害到他的自信心和自尊心，让他觉得自己很弱小，从而对人际关系心生恐惧，提前结束他对人与人之间关系的探索，不再喜欢与人交往。

而当孩子主动去争抢他人的东西时，妈妈的吼叫也不会起到什么积极的作用，反而会令孩子觉得委屈，那是他喜欢的东西，为什么不能去拿呢？

所以，对于孩子之间的矛盾，最好不要干涉，更不能斥责、讽刺孩子，而应该耐心地引导他，告诉他未经别人的许可，不能随便拿他人的东西；告诉他跟小朋友们一起玩时难免会有摩擦，要懂得谦让……妈妈悉心的教导，必会如雨露般在孩子的心中浇灌出友爱之花。

不要教唆孩子去报复他人

教孩子"以牙还牙"，教唆他去报复他人，并不会使他产生真正的快乐，因为他会因此而失去朋友、玩伴，而妈妈期望他能有良好人际关系的愿望也将化为泡影。

所以，如果孩子在争抢东西时被其他孩子欺负，不能教他再报复回去，而是应该教他以文明、柔婉的方式去争取对方的友谊，比如，用送对方零食的方式来化解彼此间的小矛盾、用一起做游戏的方式来拉近彼此之间的距离等。

给予孩子精神上的支持

当孩子与其他孩子发生矛盾时，当孩子的玩具被人抢走时，当孩子被人欺负时……他会害怕，会不知所措。此时，他最需要的是妈妈的安慰和对他精神上的支持。比如，尊重和认同孩子的想法，让他自己做决定，对他的决定表示支持等。这会让他的内心充满自信，觉得自己很强大，并能促使他独立找到解决问题的办法。

四、
色彩敏感期

我们生活的世界是五彩缤纷的，不同的色彩会对人的视觉产生不同的外在刺激，从而使人产生不同的感受。孩子总有一天也会对色彩产生兴趣，进入色彩敏感期。在这一时期，要帮他建立起良好的色彩感，让他拥有一个色彩缤纷的童年。

66. 善于捕捉和凝视鲜亮的色彩，读懂孩子的色彩敏感期

孩子最初喜欢看黑白相间、明暗对比强烈的地方，但这段时间并不会持续很久，当他三四个月大的时候，色彩就会逐渐占据他的视线，他开始注意自己周围各种颜色的气球、小玩具，从而越来越关注颜色，迈出认识颜色的第一步。

等到孩子长到 6 ~ 11 个月大时，他就会对色彩产生反应，比如，他会盯着某一种颜色的物体看个没完，或者伸着小手想要抓住带有某种色彩的东西。随着孩子逐渐长大，他对颜色的辨识能力也在从不稳定向稳定发展。等到三四岁时，孩子便进入了色彩敏感期。

处于色彩敏感期的孩子，会对五颜六色的衣服、色彩鲜亮的玩具、五彩斑斓的环境产生极为浓厚的兴趣。他会格外喜欢辨认颜色，也会很积极地表达自己对某种颜色的感觉与评价。不仅如此，他还非常喜欢涂色，爱拿着不同颜色的画笔涂涂画画，恨不得让各种颜色充满他的世界。

这其实是一个很活泼的阶段，孩子在这个阶段里也许会显得有些调皮，他的想象力在此时也会对他的成长产生一种推动力，当想象力与他的色彩敏感期结合在一起时，他的行为就会产生一些让人意想不到的效果。

邻居们在一起聊天时，一位妈妈说起了一件事："我女儿那天拿了一幅画给我，那画别提有多耀眼了，什么颜色都有，她把太阳画成五颜六色的，把云朵画成蓝色的，草地上开满了各种颜色的花朵，还有 3 个跳舞的小人儿也穿着花哨的衣服。她说，那是我们全家在跳舞，呵呵，那幅画真是超出了我的想象。"

另一位妈妈却说："你女儿都把太阳画成七彩的了，你还不纠正她？要是我儿子画朵蓝色的云出来，我可要好好说道说道，云怎么是蓝色的呢？

如果不纠正他，他不是连基本常识都不知道了吗?"

第一位妈妈却笑了笑，说:"怎么会? 孩子正处在色彩敏感期，她对色彩越敏感我越高兴，我们可不能因为孩子画出了不符合我们意愿的东西，就阻止他的成长啊!"

这位妈妈说得没错，处在色彩敏感期的孩子的确会对各种颜色十分敏感，尤其喜欢鲜亮的色彩，他会捕捉并凝视这些色彩，还喜欢将这些色彩用他自己的画笔再现出来。所以，此时的孩子可能就会画出红的山、蓝的苹果以及绿色的太阳。

面对孩子的这些举动，我们应该理解与包容，甚至还应该鼓励。因为心理学研究也表明，经常接触明快色彩的孩子，智商、情商、性格等各方面都会有更好的发展。相反，如果孩子总是接触暗淡的颜色，或者我们阻碍了他对明亮色彩的追求，那么他就会产生压抑、恐惧等不良的感觉，他的创造力、想象力、自信心等方面的发展也会滞后。

所以，在孩子三四岁时，要格外注意他对色彩的反应，不要忽略或者限制他这一敏感期的发展，而是要给予他正确的引导与帮助，让他能快乐地走入充满乐趣的五彩世界中。

67. 对色彩开始产生感觉和认识，并尝试寻找不同的颜色

——在生活中给孩子更多认知色彩的机会，引导他使用多种颜色绘图

女儿3岁以后，日常用语就变成了"五颜六色"的，无论她说什么，都会用颜色来描述。比如，她会说"今天妈妈穿了一件红色的裙子"，或者说"昨天幼儿园里那个穿黄色上衣的小朋友哭了"。如果是在外面，她对颜色的描述会更加明显，比如，她可能会指着超市里的玩具说"我不喜欢绿色的，我想要蓝色的"，或者说"妈妈，我要那个粉色的发卡"。

除此之外，女儿对颜色的追求也很执著，尤其是在外面的时候，她总是能找到一些与众不同的颜色。有时候她不知道该如何描述那种颜色，她就会找其他类似的东西代替。

有一次，妈妈给她买了一件淡紫色的小裙子，她喜欢得不得了，但又不知道这种颜色怎么说，于是她就开心地告诉妈妈："妈妈，我好喜欢这件比葡萄颜色淡一些的裙子。"当然，后来妈妈还是很明白地告诉了她，那个颜色是"淡紫色"。

处于色彩敏感期的孩子对颜色的关注度非常高，就像这个 3 岁的小女孩一样。孩子会因为自己发现了这些色彩而感到开心，也会格外强调自己所认识的各种色彩。与此同时这些色彩也会刺激孩子的感觉器官进一步发育，促进他的智力进一步发展。

这时的孩子对那些色彩明亮的颜色会有一种特殊的偏好，除了寻找与认知，他还会在自己的作品中将其表现出来。很多三四岁的孩子都会用水彩笔画出很多颜色各异的图案，这些图案充满了孩子的创意与想象，理应得到我们的鼓励。

既然在孩子的眼中，这个世界是美丽的，那么就要保护他对美丽的追求，帮助他认识更多的颜色，鼓励他自由运用各种色彩。

平时，要抓住生活中各种可能的机会，教孩子认识更多的色彩。

可以先带着孩子认识家中的各种颜色，比如红色的沙发、蓝色的桌布、绿色的盆栽植物、黄色的碗，等等。可以一边指着这些东西，一边用温柔的声音清晰地告诉孩子这是什么，它的颜色是什么。之后，可以带着孩子走到户外，教他认识大自然中的天然色彩，打开他认识颜色的视角，让他看到更多更自然的色彩。

在所有色彩中，最好先从三原色教孩子认起，也就是先让他认识红、黄、蓝三种颜色，然后再逐渐扩展到其他的颜色。不过，对于那些连我们都很难描述清楚的颜色，或者色差很小的颜色，没必要费很大力气去教孩子认识，随着他对色彩的辨识能力越来越强，他会主动去体会两种相近颜色的不同。

当我们教孩子认识各种颜色之后，就可以用一些问题引导他自己去判断颜色。比如，问问他"这朵花是什么颜色的"，或者让他说说"今天妈妈穿了什么颜色的裙子"，或者让他用各种颜色去画画，鼓励他大胆用色，并引导他说出自己的画是什么颜色的，等等。

在为孩子创造色彩世界时，妈妈自身也要注意以下几点：

1. 妈妈的衣服最好经常转换色系、色调，这将对孩子的视觉产生良性的刺激，使他自然能看到更多的色彩。

2. 家里的装饰，尤其是孩子房间的装饰，最好使用一些鲜亮的、反差对比适中的颜色。但最好不要超过 3 种，否则就会使房间产生杂乱感，孩子在其中生活时间长了，也会感到烦躁不安。而且，随着孩子年龄的增长，他会慢慢喜欢一些素雅的颜色，这时不妨及时为他更换房间色彩（比如换壁纸、张贴画、窗帘等），以满足他成长的需要。

总之，在这个阶段，妈妈的主要工作就是帮孩子认识、寻找更多的色彩，在他的内心逐渐建立起对各种色彩的印象。

68. 喜欢涂色笔、涂色书，热衷于涂色

——给孩子营造一个欢快、明朗的色彩环境，但别一味期望他成为艺术家

当孩子处于色彩敏感期时，涂色将成为他最爱玩的游戏之一，而那些涂抹玩具、书籍，也就变成了他最心爱的宝贝。

一位妈妈对此深有体会：

从 3 岁半一直到 4 岁，儿子对涂色游戏简直到了痴迷的程度。

不过最开始时，他还能按照图上画的线条去涂色，也能很乖地按照图示选择相应的色彩，但一段时间之后，他就"淘气"起来。不但不再按照书上的图示去涂色，还经常把颜色涂到线条外面去。

我原本还想提醒儿子一句，但看着他按照自己的意愿选择颜色时那开心的表情，看着他一边涂到线条外面一边大笑的样子，便决定不再理会，任由他去发挥自己的想象。每当他涂好一幅画，我都会夸奖他"涂得真棒"。

后来，儿子从单纯的涂色过渡到用画笔在纸上画画，看着他那依然大胆地用色，听着他不断地讲述着自己编的五彩缤纷的故事，我觉得这样也挺好。

如果说之前孩子认识色彩、发现色彩只是停留在认知层面上，那么当他真的拿起画笔时，色彩就会成为他手中的"工具"，他会为一切染上带有他个人鲜明特点的色彩。所以，涂色游戏可以更好地促进孩子色彩感的形成。

为孩子准备多彩的涂色工具

"工欲善其事，必先利其器"，古人这句话说得很有道理。为了让孩子在色彩上有更好的发挥，就要及时为他准备能满足他涂色欲望的工具，给他准备一些涂色书，多买几种涂色笔。尤其是涂色笔的准备，最好多选几种颜色，不要只拘泥于红、黄、蓝、绿，要让孩子在涂色时有更多的选择。

在孩子进行涂色游戏时，可以提醒他多用他不常用的颜色，让他的笔下出现各种颜色。但也不要强求，允许孩子自由地发挥。

不要强迫孩子按照"标准"去涂色

"图上是蓝色的，你怎么能用绿色的?"

"看，都涂到线外面了! 涂错了!"

……

每次做涂色游戏时，妈妈都会说类似的话。儿子对此感到委屈，但妈妈的态度却很强硬，总是逼迫儿子按照图示标准做。结果，没过几天，儿子就不愿意再涂色了，不管妈妈怎么说，他也不愿意再动笔。

涂色书上的"标准"，只是我们成人设定的，在孩子的世界里，颜色可以随意搭配，假如我们强迫他按照标准去执行，就会破坏他涂色的乐趣，也会使他丧失控制颜色的欲望。

所以，既然是涂色，就要给孩子充分的自由，允许他按照自己的想象给那些线条图涂色。即便他为一些很常见的事物选择了很不可思议的色彩，也没必要去纠正，因为孩子在日后的成长中，会学到这些知识，到时自然就能纠正。相反，如果强硬地帮他纠正了，他的想象力就会由此而被扼杀。

鼓励孩子自己去画线条、涂色

虽然涂色书可以帮孩子练习涂色，也不能让孩子太过依赖这类书，否则同样会给他带来负面影响。

曾经有一个小女孩在使用涂色书之前画的鸟是各式各样的，有的鸟甚至长了很多翅膀，她说那样鸟儿会飞得更快。可是，在画了一段时间的涂色书之后，她画的鸟都变成很规矩的模样了，而且都跟涂色书上的鸟一模一样。

这就是涂色书的弊病，它可能会使孩子原本丰富的想象力与创造力被束缚。所以，在为孩子选择涂色书时一定要慎重，不要一次性买太多，也要看其中的图案是不是合适。最重要的是，在鼓励孩子凭着自己的意愿涂色时，最好也鼓励他尝试自己去画画，然后为自己的画涂色，这将更好地促进孩子想象力的发展。

虽然鼓励孩子自己画，但也不要期望一定要将他培养成画家，允许他自由发挥，让他尽情享受颜色带来的快乐。

第四章

不吼不叫，
解读 4 ~ 5 岁孩子的敏感期

俗话说，"有苗不愁长"，的确是这样，孩子就这样一天天长大，一天天丰盈他的内在世界。对于四五岁的孩子来说，他会经历性别和出生敏感期、婚姻敏感期、身份确认敏感期、情感表达敏感期、绘画敏感期、音乐敏感期、书写与阅读敏感期等。在此期间，几乎每个孩子都会问这样一个问题："我是从哪里来的？"他通过观察会发现自己与成人、男性与女性的身体不一样，并对此感到好奇；他还想要"结婚"，最初是想跟父母、幼儿园老师及周围的成人"结婚"，到后来，他会"爱"上同龄小伙伴，并表示愿意跟他们"结婚"；男孩崇拜偶像，爱扮演奥特曼、孙悟空，女孩喜欢扮演白雪公主；喜欢黏着妈妈或爸爸，对妈妈的态度、情绪非常敏感，非常依恋；很"脆弱"，喜欢用哭泣来表达内心的委屈；喜欢画画，先是"乱画"，然后才是"会画"；喜欢音乐，并随着音乐节奏扭动身体；喜欢书写，走到哪里写到哪里：白墙上、地板上到处都会留下他的"墨宝"；喜欢阅读、识字、背电视广告、电视剧台词……这些都是这个年龄段孩子的正常表现。如果你早一天学到，是不是早就不吼不叫了呢？希望后面的详细内容会让你更加有信心对孩子做到不吼不叫。

一、
性别和出生敏感期

孩子有一天会突然发现男生和女生是不同的，并开始关心自己是从哪里来的，这意味着孩子进入了性别和出生敏感期。当孩子向我们提出有关性别和出生的问题时，我们不要回避更不必搪塞他，而应该站在科学的角度，用孩子能听懂的语言告诉他真相。

69. 孩子好奇是正常的，读懂孩子的性别与出生敏感期

从孩子出生那刻起，我们所获得的关于孩子的第一个信息就是他的性别。当我们把孩子出生的喜讯告诉亲朋好友时，他们的第一反应也总是："男孩还是女孩？"之后，我们会因孩子性别的不同，自然而然地有着不同的反应。

如果是男孩，我们会亲切地叫他"小帅哥""小男子汉"，并且希望儿子勇武有力；如果是女孩，我们则会称她为"小公主""小淑女"，并希望女儿乖巧可爱。随着孩子不断长大，我们不但会在称谓上显示出对男孩和女孩的不同称呼，就连衣服、玩具、亲子游戏都会有所区别。

可见，性别差异并不只体现在生物遗传方面，几乎所有的社会文化都会赋予不同性别以不同的期待。孩子从出生那刻起，就带着性别标签长大，直到有一天他自己也意识到性别的不同，并开始思考他是从哪里来的。

男孩会发现自己是有"小鸡鸡"的，而女孩却没有；女孩则会发现自己经常穿裙子，而男孩却从来都不穿。当孩子开始观察不同性别之间的差异时，就说明他的性别敏感期已经到来了。

一般来讲，孩子会在 3~5 岁期间对人的身体，尤其是异性的身体表现

出明显的兴趣。其中，最令他感到好奇的就是生殖器的差别。他会发现自己的身体和异性的身体不一样，也会观察到爸爸和妈妈的身体是不同的。

孩子的这种性别意识是他形成自我意识的一个重要组成部分，而性别的认同也是孩子从出生起就开始的一个学习过程。我们不必为他对异性身体感到好奇而斥责他，也不必在面对他的提问时吞吞吐吐或者躲躲闪闪，那只会引起他更浓厚的好奇心。假如我们不能在孩子的性别和出生敏感期对他进行坦然而正确的教育，很可能会使孩子的心理发生扭曲，甚至造成孩子的性别意识混淆。

所以，当孩子向我们提出有关性别和出生的问题时，可以用他能听懂的语言正面回答，这样才能帮助他度过性别敏感期，了解生命的意义。

70. 孩子会发现自己的身体与成人的身体不一样，男性身体与女性身体不一样，对异性身体，尤其是私处比较好奇

——这是孩子性心理发展的正常表现，要正确引导，满足孩子的好奇心

如果某天，孩子突然趴在我们耳边说："妈妈，我发现一个秘密！男孩有小鸡鸡，女孩没有小鸡鸡！"这时，你千万不要觉得意外，那一定是孩子的性别敏感期来了。孩子在 3～5 岁期间会发现男人和女人的身体是不一样的，而自己和成人的身体也是不一样的，尤其对异性的身体和私处比较感兴趣。

3 岁的小男孩和两岁半的小表妹一起洗澡，两个孩子在水里嬉戏打闹。没一会儿，男孩就不和小表妹玩了，原因是小表妹比自己少了一样东西。

洗完澡，男孩向妈妈提出一连串的问题："妈妈，为什么妹妹没有小鸡鸡？她尿尿的时候为什么不站着呢？她洗完澡为什么可以穿裙子，我怎么不可以穿？"

妈妈耐心地回答："因为妹妹是女孩，而你是男孩。男孩都有小鸡鸡，

女孩就没有。只有女孩才穿裙子，男孩要穿裤子。"

"那爸爸是男孩吗？"男孩又问。"爸爸小时候是男孩，长大后就是男人了。你现在是男孩，长大了也是男子汉呢！"妈妈笑着说。

男孩听完后，似懂非懂……

随着孩子的成长，他会逐渐发现男性和女性有很多区别，比如男性一般是短发，而女性一般是长发；成年男性会有胡子，而成年女性却没有……于是，孩子渐渐有了性别的概念，并发现男性和女性的某些身体部位和生活习惯也有差别，男孩有小鸡鸡，女孩没有；男孩站着尿尿，女孩蹲着尿尿等。

当他发现男性和女性的这些不同后，就会对自己和他人的私处特别感兴趣。比如，有的孩子会偷偷看父母洗澡，这是孩子好奇的表现，是一种正常现象。如果这时，你满足了孩子的心理需求，并向他讲解一些性别知识，孩子在明白之后自然会对此类问题失去兴趣。

如果你总是避讳和孩子谈论这些问题，孩子探究的心理不能得到满足，甚至受到压制，也会影响孩子的心理成长。所以说，孩子的性别教育越早越好。

坦然地回答孩子的问题

3 岁的男孩最近常偷看妈妈的乳房，妈妈觉得应该让她了解这方面的知识，就找了个机会和他一起洗澡。

男孩摸着妈妈的乳房说："为什么妈妈这里比爸爸大？"妈妈说："因为妈妈是女性，这是妈妈的乳房。"

"乳房是做什么的？"男孩又问。

妈妈笑着说："这里面以前有奶，你就是喝里面的奶长大的啊！"

男孩说："为什么我以前要喝那个？"妈妈说："你小时候没有牙齿，不能吃米饭，就只能喝妈妈的奶了。"

"原来是这样啊！"男孩说。

在了解乳房的秘密之后，他就不那么好奇了。

当孩子对自己或者他人的身体感兴趣时，你应该像这个男孩的妈妈一样，以坦然的态度解答给他听。在生活中，也可以选择一些贴近孩子心理的动画片或图画书，让他通过图像了解这些知识。

帮助孩子认识身体器官

无论男孩还是女孩，都会在一定时期对自己的身体部位感到好奇，比如这个身体部位叫什么名字？它有什么用途？针对这种情况，可以在帮孩子洗澡的时候教给他，比如"这是眼睛，是用来观察世界的；这是鼻子，用它来闻味道；这是你的小鸡鸡，一定要保护好，不能随便让别人碰。"

不但可以告诉孩子身体器官的名字和用途，还可以顺便教给他如何保护自己的私处，让孩子了解自己并懂得关爱自己。

理解孩子在性别敏感期的某些表现

孩子处于性别敏感期时，会对异性小朋友格外好，这种表现很正常，我们不可因此而嘲笑他，更不能给他扣"小色狼"的帽子。

在这期间如果孩子喜欢观察异性小朋友的身体部位，也不要批评他，而是要耐心引导，通过讲解性别知识满足孩子的好奇心。

71. 几乎每个孩子都会问："我是从哪里来的呢？"

——不要回避，更不要说孩子是从垃圾堆里捡来的，要认真告诉他来自哪里

"我是从哪里来的？"几乎每个人在小时候都提过这个问题，然而很多人得到的答案是"你是从大树下/垃圾堆……捡来的"。现在"捡来的"一

代也升级为父母了，他们的孩子也会提出相同的问题。

有的妈妈认为帮助孩子认识性别的差异很容易，但是告诉孩子是从哪里来的，却是一件让人尴尬的事情。事实上，"我从哪里来"是人类最古老的哲学问题，也是孩子安全感最早的来源。

很多妈妈面对这一问题都会选择搪塞甚至欺骗孩子，比如"你是妈妈从垃圾堆里捡来的""你是从树下挖出来的""你是充电话费时送的"……孩子在听到类似的答案后往往会变得十分不安，他会认为自己不是爸爸妈妈亲生的，并且怀疑爸爸妈妈是否真的爱他，从而失去安全感。

一般来说，孩子会在三四岁提出这个问题，这说明他的出生敏感期已经到来了。他的自我意识逐渐增强，并开始对人生进行思考，当然他想到的第一个问题就是自己的来处。面对孩子的提问，很多妈妈不想再用"捡来的"这样的答案去糊弄孩子，但又会因为不知该如何回答而感到为难。

有人告诉孩子"你是从妈妈肚子里来的"，如果孩子继续追问自己为什么会在妈妈肚子里，又是怎样从妈妈肚子里出来的，就又不知如何作答了。

事实上，很少有妈妈会主动和孩子谈起"他是从哪里来的"这个话题。因为，谈到这个话题就会涉及性，妈妈往往认为这个话题不适合跟孩子谈。那么面对这个问题，编造一个谎言去搪塞孩子就可以了吗？

有个 5 岁女孩一直很活泼，但最近幼儿园老师却发现她变得不爱说话了，总是一个人闷闷不乐地坐在角落里，似乎有什么心事。

于是，老师关心地询问女孩："你怎么不高兴了呢？遇到什么不开心的事情了吗？"被老师这样一问，女孩竟然哭了起来，她边哭边说："爸爸妈妈可能不要我了……"老师奇怪地问："你为什么会这样想呢？"

女孩说："我问妈妈我是从哪里来的，她说我是从垃圾堆里捡回来的，我怕他们再把我丢回垃圾堆里去！"

如此看来，"你是捡来的"这个借口并不好，这样不但不能满足孩子的好奇心，还会让孩子变得不安起来，生怕自己再被"丢回去"。

身为妈妈，到底应该如何面对孩子提出的出生问题呢？

不要用谎言去欺骗孩子

如果编造谎言，告诉孩子他是捡来的，孩子的心理也许会因此而受到伤害。他会以为自己不是爸爸妈妈亲生的，爸爸妈妈随时有可能将他抛弃。所以作为妈妈，面对孩子这样的问题，要有一个原则，那就是不能欺骗孩子，而是应该以正确的方式告知孩子。

有技巧地回答孩子的问题

关于孩子"我是从哪来的"这个问题，不是妈妈不愿意告诉他真相，而是回答问题的"尺度"不好把握，但也不是没有办法。

有位妈妈是这样告诉孩子的：

很久以前妈妈肚子里有颗种子，它叫卵子。卵子长大后，爸爸觉得妈妈肚子里的卵子太孤单了，就又送来一颗种子，那就是精子。

卵子遇到精子很高兴，他们决定生活在一起。于是，他们开始寻找一个家，他们在妈妈肚子里找到一个叫子宫的地方，就在那里安了家。

后来他们渐渐长大，变成了一个有眼睛、有嘴巴，还有小手、小脚的小天使。这个小天使每天都从妈妈那里用一根吸管汲取营养，爸爸也很爱这个小天使，每天都会给他听音乐、讲故事。小天使在妈妈的肚子里生活了10个月，有一天他觉得子宫太小了，想去更广阔、更美丽的地方玩。于是，他就来到了我们家，这个小天使就是你，我和爸爸都非常爱你！

这个小故事听起来很有趣，也很有科学性，孩子也能从中明白自己是从妈妈肚子里来的，而且还和爸爸有某种联系，他会因此而更加有安全感。

借机让孩子明白真相

有的孩子是剖宫产出生的，妈妈的腹部会留有一道疤痕。如果孩子问到他是从哪里来的，妈妈可以让孩子看一下疤痕，并为孩子讲解一些关于剖宫产的细节。孩子听后会很感动，并了解到因为自己的出生让妈妈受了不少苦。于是，孩子会存有感恩之心，并变得更加懂事。

二、
婚姻敏感期

小小的孩子居然说他想跟爸爸妈妈结婚，或者是和老师结婚，或者是跟某个小朋友结婚。懵懂的孩子为什么会有这样的念头？不用紧张，这已经不是什么新鲜事儿了，也没什么大不了的。这并不是因为孩子早熟，而是他正在进入婚姻敏感期。

72. 孩子要"结婚"，读懂孩子的婚姻敏感期

不知不觉中孩子一天天长大了，某天你发现他开始喜欢玩"过家家"的游戏，游戏里有男主人有女主人，最后他们结婚了，如同电视上一样喊着"一拜天地、二拜高堂、夫妻对拜……"某天你还会发现，孩子无师自通地将自己心爱的东西送给了他喜欢的人，还大胆宣称某某小朋友是他的"公主"。而有的女孩则披着白丝巾在家里跑来跑去，似乎是在寻找做新娘的感觉。

从什么时候开始，孩子对"结婚"如此感兴趣了呢？他有趣而又可爱的举动常常把我们逗乐，好笑之余，有的妈妈也许会感叹一句"现在的孩子真是早熟啊！"

其实，这根本算不上早熟，尽管孩子已经会使用"亲亲、结婚、失

恋"等词，甚至还因"失恋"闷闷不乐了一会儿，但这也只是孩子自然成长中的一个过程，这只能说明他对性别、自我、异性有了初步的感觉，并进入了婚姻敏感期。

孩子一般会在四五岁的时候进入婚姻敏感期，在此期间他会对异性表现得更加友好，还会用到"爱""结婚"等词语。

最开始，孩子是要和父母结婚，要和幼儿园的老师及周围的成人结婚。然后，他会发现，只有年龄差不多的才能结婚，于是他就会选择同龄的异性小朋友作为"结婚"对象。

有的人会对此感到疑惑，如此年幼的孩子真的能理解成人世界的爱情和婚姻吗？当然不是，他并不是真的理解成人世界里的爱情和婚姻，只是随着性别意识的增强开始对异性有了一种朦胧的好感而已。

四五岁的孩子已经开始观察和探索人群的组合形式，在观察父母或者周围其他人的婚姻形式后，他开始关注婚姻，并猜测谁会和谁结婚。这也是孩子认知社会组成形式的一种表现。

在婚姻敏感期中，孩子口中所说出的"结婚"并不具备"婚姻"的真实含义，那只是他表达对异性喜爱的一种最直接的方式，在他看来只要对某个异性有好感、喜欢就可以"结婚"。比如，当他想和某一个小朋友玩，或者喜欢某个小朋友的时候，他就会说："我想和你结婚。"

这说明孩子从内心对爱情和婚姻都有一种美好的期望和向往，他正在学习人间最美好的感情，并希望拥有这种美好的感情。然而，孩子对异性小朋友的这种敏感完全是纯心理、纯精神性的，这会使他变得更加积极、向上、助人，在喜爱他人的同时也会更加懂得自爱。

值得一提的是，孩子从这种美好感情中获得快乐的同时也会体验到痛苦。比如，某个小朋友转学了，或者不和他玩了，他就会有类似于"失恋"的感觉。这时，大可不必用成人世界的恋爱观、婚姻观、道德观来批评孩子，冲他大吼大叫，否则会给孩子造成不必要的心理压力；也不必一厢情愿地将所谓的"道德"或"价值观"之类的东西灌输给孩子，那只会伤害孩子的情感，剥夺他成长中的情感体验。

要知道，儿童时期是一个情感培养和情感发展的时期，如果孩子能够顺利度过他的婚姻敏感期，将会为他以后良好的婚姻关系奠定基础。

73. 孩子要和父母结婚，和幼儿园的老师及周围的成人结婚

——不要嘲笑孩子，及时向他传达正确的婚姻观

4 岁的女儿趴在桌子上画画，画了许久才画完。妈妈走过去一看，原来女儿画了一位新郎和一位新娘，美丽的新娘还披着婚纱。

妈妈笑着说："乖女儿，你画得真好看。"被妈妈夸奖的女儿更高兴了，她拿着画对妈妈说："妈妈快看，这个新娘就是我。"

这下妈妈有点诧异了，但她仍然用平静的语气问："那旁边的新郎是谁呢？"

女儿神气十足地说："是爸爸啊！我要和爸爸结婚！"听她这么一说，妈妈忍不住笑起来，说："可是，爸爸已经和妈妈结婚了啊！"

被妈妈这样一问，女儿不知该说什么好了，沉吟了一下说："那就我们三个人一起过吧！"妈妈听后哈哈大笑，觉得女儿真是太可爱了！

"我要和爸爸结婚""我要和邻居家小静结婚""我要和妈妈结婚"……婚姻敏感期的孩子总是这样直白地表达对身边人的好感——喜欢一个人就要和他结婚，甚至有个女孩说她要嫁给卖番茄的老爷爷，因为她爱吃番茄。

孩子结婚的理由常常让我们哭笑不得，但也有些妈妈不能理解孩子这种单纯而美好的感情，甚至认为这么小的孩子不该有这样的想法，有这样

的想法就是早熟。其实，孩子的感情是最纯真的，在 1971 年英国电影
《两小无猜》中曾有这样一组镜头：

> 小男孩和小女孩一起玩耍，那年他们都 10 岁。
>
> 他们发现一个墓碑，上面记录一对爱人 50 年的恋情。
>
> 女孩问："50 年有多长？"
>
> 男孩说："除去假期有 150 个学期那么长吧！"
>
> 女孩说："你会爱我那么久吗？我不信。"
>
> 男孩说："当然，我已经爱你一个星期了。"
>
> 男孩说："我们结婚吧！"
>
> 女孩说："那就现在结！"

看过这个电影的人都为这段纯真的告白而感动，而年幼的孩子在有了性别意识的时候，则会将自己的结婚对象锁定在自己的爸爸妈妈或者身边其他长辈身上。

在女孩看来，爸爸代表了所有男性充满力量而强大的一面，所以女孩往往会有恋父情结，并会想到和爸爸结婚。而男孩也会对妈妈所代表的所有女性有一个最初的认识，在他看来女性说话都比较温柔，给人一种温暖的感觉。所以，男孩会说"我要和妈妈结婚"。

在孩子看来，父母的爱是他安全的保障，也是他快乐的源泉，更是他健康成长的原动力。所以说，孩子要和爸爸妈妈结婚这种愿望其实是他对性别角色和异性最初的一种认识和体现，也是他认识社会关系的一个必经过程。

有趣的是，当孩子想和爸爸妈妈或者老师结婚的时候，都不会觉得长辈和他们的年龄有太大差距。在婚姻敏感期过去之后，孩子才会突然意识到他应该和同龄人结婚，那时，他的结婚对象就会变成他身边的小朋友了。

当然，在孩子的婚姻敏感期中，他还会提出很多问题。比如，他会问"为什么爸爸要和妈妈结婚？"这时，应该尽量给他一个正面而合理的解释。可以告诉他，因为爸爸和妈妈是相爱的，这样孩子就能够理解婚姻最基本的要素，那就是互相尊敬和关爱。

有时，孩子还会主动和父母讨论起"喜欢谁"的问题。这时，不要嘲笑孩子，也不要批评他，更不能冲他大吼大叫。

有个 4 岁多的女孩和妈妈说她要和幼儿园的厨师爷爷结婚，妈妈却说："小姑娘家的，你羞不羞啊？还主动提出要和人家结婚？"

后来，妈妈逢人就将这件事当笑话说，女孩的内心受到了伤害。她开始有意识地躲开厨师爷爷，并且和所有异性都主动保持一定的距离。

妈妈嘲笑孩子想和某人结婚的想法，会影响他和异性相处的能力，甚至导致孩子看到异性就害羞，不敢多说话，更有可能误导他对婚姻的看法。孩子们互相喜欢是很正常的事，而且他的喜欢很单纯，就是简单的对谁好而已。所以，面对孩子在婚姻敏感期的种种表现，我们不必大惊小怪，以坦然而宽容的心态去对待就好。

74. "爱"上小伙伴：孩子会选择同龄的异性小朋友作为"结婚"对象

——孩子以游戏的方式对待"婚姻"，我们则要认真对待他在婚姻敏感期遇到的问题

孩子在婚姻敏感期初期会对自己的父母、老师"情有独钟"，但是随着他一天天长大，他的人际交往圈也在逐渐扩展，他的认识也会慢慢发生变化。孩子逐渐认识到虽然父母和老师都对自己非常好，但是他们却是和自己"不一样"的人——他们是大人，自己是小孩。

孩子渐渐了解到小孩只能和小孩结婚，不能和大人结婚，当这种认识逐渐发展下去，他就会在同龄人中寻找"结婚"的对象。

有个小女孩和隔壁的小男孩从小一起玩耍，一起成长，可以说，俩人一直是形影不离的好朋友。

女孩5岁时的一天，突然凑到妈妈身边奶声奶气地说："妈妈，我喜欢××（隔壁小男孩），我要和他结婚。"听女儿这样一说，妈妈很是惊讶。

等妈妈回过神来，想要进一步和女儿交流的时候，女儿却早已自顾自地玩她的布娃娃去了。

这时你会发现，孩子已经将他的结婚对象转移到同龄人身上。很多孩子会突然宣布他想和某某小朋友结婚。而孩子表达爱的方式又是那么美好，比如，他们会手拉手一起玩，偶尔还相视一笑；当其中一个孩子伤心哭泣的时候，另一个孩子也会静静地陪在他的身边一起哭；有了好吃的零食，一定要留着和另一个孩子分享……他们用最自然不过的方式表达情感。

更有意思的是，孩子们无一例外地都懂得这样一个道理，那就是男孩是要和女孩结婚的，男孩和男孩不能结婚。我们还常常看到很多孩子喜欢玩"过家家"的游戏，并在游戏中扮演小夫妻，称呼对方为"老公""老婆"。

在婚姻敏感期中，孩子除了会被喜悦和满足感包围之外，也会被感情问题而困扰。继续讲前面那个案例：

这天，小女孩突然哭着跑了回来，一进门还将自己关在小屋里不出来。在妈妈的耐心询问下，才了解到原来女儿对小男孩"告白"了。

她在和小男孩一起玩的时候说："我想跟你结婚，你是老公，我是老婆。"没想到小男孩一副爱答不理的样子，摇摇头说："我才不呢！"然后转身就跑掉了。

看着女儿伤心的样子，妈妈摸着她的头平静地说："你是不是很喜欢他？"

小女孩认真地点点头说："是的。"

妈妈说："嗯，我理解。不过，喜欢是两个人的事，如果他不喜欢你，妈妈认为你可以重新选择。"

说到这儿，小女孩似乎听懂了，她点点头又跑出去玩了。

虽然孩子在婚姻敏感期以游戏的方式对待婚姻，但是他在敏感期内感受到的快乐和伤心都是真实的。当他因为被拒绝而伤心的时候，千万不能讽刺他、冲他吼叫，也不要一笑了之。而是要认真对待这件事情，试着去理解孩子的感受，并向他传递"喜欢是两个人的事情，是相互的，被拒绝了可以重新选择"这一观念。

当孩子接受这一观念后，他就会发现自己喜欢的对象原来是可以重新选择的。于是，我们就会看到，孩子在遭到拒绝后会很快摆脱痛苦，并重新选择自己的"结婚对象"。事实上，这样做对孩子的心智发展非常重要！

当这种观念深入孩子的内心之后，他的承受力会更加强大。当孩子长大后在婚恋中遇到类似情况时，他也会想到自己"可以重新选择"，而不会因一时失恋就痛苦不堪。在孩子的婚姻敏感期，我们对待孩子情感问题的态度，会直接影响到孩子未来的恋爱和婚姻观。所以，即使现在孩子是以游戏的方式对待"婚姻"的，我们也应认真对待他在婚姻敏感期中遇到的种种问题。

需要指出的是，这里所说的"认真对待"，绝不包括给孩子举办"幼儿婚礼"。曾看过一则报道，国内某幼儿园竟然"一本正经"地给孩子们举办"集体婚礼"，之所以会这样做，一是他们应该知道"婚姻敏感期"这件事；二是他们想突出某种"特色""与众不同"或"自己懂幼儿教育"等，但这样的操作显然过头了。因为这完全没有必要，要知道，幼儿随口说说的跟××结婚，过一段时间就忘记了，但"集体婚礼"对幼儿是有仪式感的，他可能会记很长时间，我们不知道"婚礼"这种操作对于幼儿的心灵会有怎样深刻的影响，会不会影响他们未来的婚姻。总之，对于这样的做法，还是要避免的好。作为妈妈，在明白了"婚姻敏感期"后，也大可不必"兴师动众"地给孩子举办类似"婚礼"的活动。

三、身份确认敏感期

"我是齐天大圣孙悟空""我是奥特曼""我是白雪公主""我是美羊羊"……在孩子的成长过程中，他总会给自己一个又一个身份，会崇拜某个或某几个偶像，希望自己就是那个偶像，并会全身心地模仿偶像的行为。这是孩子进入身份确认敏感期的表现。

75. 读懂孩子的身份确认敏感期，用爱帮他构建自我

一个小男孩4岁半了，自从看了动画片《奥特曼》之后，就把奥特曼当成了自己的偶像，并常常扮演奥特曼。比如，每当妈妈叫他名字的时候，他总会这样说："我是奥特曼，请叫我奥特曼"；要是路过有奥特曼形象的玩具店，他就会死磨硬泡地让妈妈给他买；穿衣服、穿鞋子也要有"奥特曼"的标志才行。

最令妈妈感到担心的是，动画片里充斥着打打杀杀的场面，还夹杂着攻击性较强、很暴力的语言，而这是最吸引男孩的地方。所以，男孩喜欢手舞足蹈地挥舞着手中的"奥特曼"玩具，大喊"奥特曼，天下无敌""怪兽，拿命来""看我怎么整你"，有时候还会追着妈妈或小朋友打……

妈妈认为孩子平时看的动画片太多了，所以就开始限制他看动画片的内容和时间。

其实，问题的关键不在于孩子看了多少动画片，而在于他进入了身份确认敏感期。也就是说，当孩子到了四五岁的时候，会迷恋上某个或某几个偶像，还会模仿这些偶像的行为举止。所以，男孩所表现出的对奥特曼的迷恋、崇拜和模仿，都是他在身份确认敏感期的一种正常表现。

那么，孩子为什么会进入这样一个敏感期？又为什么会对偶像如此迷恋、崇拜呢？

你可能有这样的体验：对于 3 岁前的孩子，如果你暂时离开他，哪怕只有几分钟的时间，他都会产生焦虑和被遗弃的恐惧感，甚至会用哭泣来表达自己的这种感觉。当孩子到了 4 岁左右的时候，他的空间活动能力在不断增强，你不在他身边的时间也越来越多。这时候，孩子仍然像以前那样需要安全感，所以他将会面临一个任务——逐渐建立起一个关于自己是谁的内心想象，即回答"我是谁"的问题，并逐步给自己定位。

由于这一时期的孩子在精神上刚刚与妈妈脱离，总觉得自己很弱小，所以就希望自己变得高大起来，而一直陪伴孩子成长的动画片或文学作品中，各种各样的形象正好可以满足他的内心需求。所以，孩子会根据自己的需求选择偶像。比如，力量比较弱小的男孩希望变成那些有力量的形象，如超人、孙悟空、奥特曼等；需要被关注的女孩希望变成白雪公主、艾莎公主等形象。

当孩子明确了自己心中的偶像之后，就会投入到偶像的角色扮演中，他不仅会寻找类似的服装、玩具，还会模仿偶像的行为举止。事实上，孩子在这个过程中，还会吸取偶像的某些特质，不断充实自己，从而形成良好的人格特征。

无论孩子的偶像是谁，妈妈都要用爱帮他构建自我，要尽可能地满足他的内心需求，并根据实际情况给予他正确的引导，帮助他度过这个敏感期，进而使他形成良好的人格特征。

76. 男孩崇拜偶像，扮演奥特曼、孙悟空……

——孩子在模仿偶像的同时也在塑造自我，让他尽情去模仿，并借此培养好习惯

一位妈妈讲述了自己的一段经历：

前段时间，4 岁的儿子突然迷恋上了孙悟空，动不动就模仿孙悟空的样子，一手叉腰，一手高举金箍棒。每当我叫他过来的时候，他都会说："俺老孙来也。"每当他要离开我的时候，他都会这样和我告别："俺老孙去捉妖了！"

一开始，我还觉得好笑，就没怎么搭理他。后来，他每天都是"老孙"前、"老孙"后的，我真担心孩子"走火入魔"了，便经常对他说："你不是孙悟空，你就是你！"最初，他并不理睬我，后来就不再把自己当成孙悟空了，也不再像之前那样活泼了。顿时，我开始怀疑自己的教育方式是不是出现了问题。

这个男孩只是希望自己可以像孙悟空一样拥有神奇的力量。而妈妈不知缘由地制止了男孩的模仿行为，很容易让他觉得自己弱小、不被关注，会让他伤心而又失落，会影响他心理的健康成长。

其实，男孩的种种表现都是正常的，是因为他进入了身份确认敏感期。而且，男孩在模仿偶像的同时，也在塑造自我。那么，应该如何应对男孩在身份确认敏感期的种种表现呢？

允许男孩尽情去模仿自己的偶像

男孩在身份确认敏感期会乐此不疲地模仿自己的偶像，比如奥特曼、孙悟空、超人等。在外人眼中，男孩的表现是不正常的，行为是怪异的，但我们一定要理解他内心的真正需求，给他自由的空间，允许他尽情模仿。男孩一旦顺利度过了这一敏感期，自然就不再崇拜、模仿那些偶像了。

积极配合男孩的模仿行为

最近，儿子喜欢上了孙悟空，爸爸知道他的身份确认敏感期到来了，便非常配合他的模仿行为。比如，每当吃饭的时候，爸爸就会对他说："悟空，我是师父，我们该吃饭了，吃完饭还要赶路呢！"每当从外面回家的时候，爸爸就会这样对他说："悟空，师父累了，我们赶紧回去休息吧，别耽误了明天的行程。"

如果我们能够像这位爸爸一样，积极配合男孩的模仿行为，那么将有助于他尽快度过这一敏感期。

有的妈妈可能会担心，我们配合男孩的模仿行为，他会不会越陷越深，更不知道自己的身份了呢？答案是不会的。因为，男孩可以从模仿行为中吸取力量，从而满足他的某种心理需求。只要男孩的心理需求得到满足，他就会放弃模仿行为，并慢慢走出自己的幻想。

及时引导男孩的模仿行为

男孩的模仿能力较强，但辨别是非、善恶的能力较弱，所以在看到一些动画片中的暴力或打斗场面时，他只会简单地模仿，根本不去分辨正义与邪恶。而我们恐怕也很难不让男孩接触那些带有暴力色彩的动画片，但是可以给予他正确的引导。

比如，男孩迷恋孙悟空，很容易被孙悟空与妖怪打斗的场面所吸引，如果不加以引导，那么他可能学到的只是打斗，甚至会欺负其他小朋友；如果告诉他"孙悟空之所以要打妖怪，是为了保护师傅，而不是展示自己的强大"，那么他就不会欺小凌弱了，甚至还会勇敢地保护弱者。

另外，由于男孩没有形成正确的是非观，我们需要给他把关，挑选一些利于他成长的偶像。

利用偶像的力量培养男孩的好习惯

对于处在身份确认敏感期的男孩来说，偶像具有非同寻常的意义。这时候，如果我们能够恰到好处地借助偶像的力量，就可以帮助他纠正坏习惯，养成好习惯。

比如，男孩不喜欢吃蔬菜，那就可以这样引导他："神通广大的大力水手最爱吃菠菜了，吃了菠菜之后，他的肌肉就会特别发达，也就有力量去对付坏人了。"如此一来，男孩就会尝试着吃蔬菜，尤其是菠菜。

77. 女孩喜欢白雪公主，爱扮演白雪公主

——那是孩子在进行身份确认，积累人格特征，给她做梦的权利

在天真烂漫的童年时期，几乎每个女孩都爱做五彩斑斓的梦：有的女孩会把自己想象成温柔善良的白雪公主；有的女孩会把自己想象成惹人喜爱的美羊羊；有的女孩会把自己想象成美丽、勇敢的美少女……

有个小女孩自从看了《喜羊羊与灰太狼》后，便迷恋上羊村的女主角——美羊羊。每次外出的时候，她都会要求妈妈给她梳两个羊角的小辫子，扎上和美羊羊一样的粉红色蝴蝶结，并戴上和美羊羊一样的粉红色围巾。

而且，无论走到哪里，小女孩都会跟别人说："我是美羊羊。"如果有人问她："为什么喜欢美羊羊啊？"她都会这样回答："美羊羊不仅是一只非常漂亮的小羊，而且最受羊羊们的欢迎。"

由于这个小女孩喜欢美羊羊，所以她的穿衣品味都会刻意以偶像为榜样。从小女孩的回答中，可以看出她崇拜美羊羊背后所隐藏的心理原因：美羊羊不仅漂亮，还最受欢迎。

这时候，如果你强行唤醒女孩的"梦"，强迫她从梦幻中走出来，那么在现实面前，她就会觉得自己不再漂亮、不再受人欢迎，这将会影响她的性格发展和心理健康。事实上，当女孩处在这一敏感期的时候，她也正在为自身的性格和气质的形成积蓄力量。

其实，无论女孩想成为白雪公主，还是想成为美羊羊，这都是女孩的梦想。而只有处在身份确认敏感期的女孩，才会认真地为梦想而行动。所以，要给女孩做梦的机会，并根据情况给予她正确的引导。当女孩自然而然地度过身份确认敏感期后，不用我们提醒，她就会从梦幻中走出来。

适当满足女孩的合理需求

女孩为了更好地模仿偶像，会要求妈妈给她买与偶像相关的衣服、玩具、动画片、故事书。女孩认为，她只有具备了这些装备，才更像自己的偶像。而且，在女孩眼中，每一种服饰、玩具等，都代表着不同的意义。

这时候，如果经济条件允许的话，就可以适当满足她的合理需求。如果一味地拒绝女孩的合理需求，可能就会助长她的不良情绪，影响她的性格形成，还会导致她的身份确认敏感期推迟甚至消失。

引导女孩对偶像有一个更深入的认识

对于处于身份确认敏感期的女孩来说，如果妈妈没有给予她引导，她可能只停留在模仿偶像的外表上。对此，妈妈可以通过与女孩讨论动画片或文学作品中的形象，引导她对偶像有一个更深入的认识。

比如，女孩迷恋白雪公主，就喜欢穿漂亮的衣服、鞋子和袜子，喜欢带白色的发夹。除了要满足她的合理需求之外，还要引导她认识到白雪公主的言行举止、内心品质。而这对培养女孩温柔善良的性格起着至关重要的作用，也能促使她的气质发生变化。

利用偶像的力量去引导女孩

5 岁的女孩迷恋上了白雪公主，无论走到哪里，都会向人介绍："我是白雪公主。"

有一次，她和表妹因为一个玩具争吵了起来，妈妈温和地问她："要是真的白雪公主遇到了这种情况，你觉得她会怎么办呢？"

沉默了一会儿之后，女儿把手中的玩具拿给表妹，并说："给你玩，等你玩够了，再给我玩会儿，好吗？"表妹高兴地点点头。

如果你也遇到了类似的问题，就可以利用女孩的偶像，按照"如果换作××，又会怎么做"这样的思路一步步引导她，一般来说，她就会朝着正确的方向去努力。当然，前提是女孩的偶像一定是正面、积极的形象。

四、情感表达敏感期

当孩子到了四五岁的时候，会进入情感表达敏感期：突然非常依恋妈妈，特别喜欢黏着妈妈；对妈妈的态度、情绪非常敏感；有时候很脆弱，会因一点儿小事而哭哭啼啼。妈妈要走进孩子的内心世界，读懂他的情绪，并尽量满足他的情感需求，而不是对他大吼大叫。

78. 读懂孩子的情感表达敏感期，让他心中充满爱

先来看一个案例吧：

有一次，妈妈因为工作原因迟迟没有到幼儿园接 4 岁半的儿子。一开

始，儿子没有着急，和其他几个小朋友在教室里玩。后来，当班上的其他小朋友都被家长接走之后，他便坐在座位上哭了起来。

老师见状，赶紧走过去安慰他，而他却哽咽着说："妈妈不要我了，怎么办？"老师安慰道："别着急，妈妈一定是有事给耽误了，一会儿就来接你了。"为了转移他的注意力，老师播放了他最喜欢看的动画片，但是他却一直闷闷不乐。

后来，妈妈来接儿子，儿子没有像往常那样高兴地跑过去，而是委屈地大哭起来，并抽泣着问妈妈："妈妈，你是不是不要我了？"

妈妈急忙说："傻孩子，妈妈就你一个宝贝，当然要你了。"

"那你以后能不能早点来接我呢？"

"没问题，你就放心吧！"听到妈妈这样说，儿子停止了哭泣，跟着妈妈回家了。

如果放在以前，男孩也许不会有如此的表现，但是当他对情感有了更深刻的认识之后，就会对妈妈的态度变得敏感，会因为一点小事就觉得委屈，甚至认为妈妈不要自己了。毫无疑问，这个男孩进入了情感表达敏感期。

那么，孩子为什么会在 4~5 岁的时候经历这样一个特殊的敏感期呢？主要有三个方面的原因：

第一，在孩子三四岁之前，妈妈一直用自己无微不至的爱陪伴着他成长，他已经习惯了妈妈给予他的爱。但是，到了三四岁的时候，孩子要上幼儿园了，这意味着他要离开朝夕相处的妈妈，要面对一个陌生的环境，这种改变自然会让他表现出不安、恐慌。

第二，当孩子逐渐意识到包围在他身边的爱时，他内在的情感世界被唤醒了，他突然发现，情感世界是可以互动的。所以，他就会学着妈妈的样子，用亲吻、抚摸等形式向喜欢的人表达自己的情感。当孩子通过自己的方式表达爱后，就会有一种情感得到释放后的巨大喜悦。

第三，对于 3 岁前的孩子来说，当他与妈妈分离时，会大声地哭闹，这是因为缺乏安全感而自然流露的一种情绪反应。但是，到了 4 岁后，他有了丰富的情感，对情感也有了更深刻的认识，如果妈妈没有陪伴他，没有及时去幼儿园接他放学，他就会伤心、哭泣，会觉得这是妈妈不爱自己的表现。

然而，面对孩子在这一敏感期的种种表现，很多妈妈会因为不理解将这些行为定义为脆弱、承受能力差、爱哭等，会因此而无视他的感受，甚至会压制他把自己的情感表露出来。这种做法是不对的。因为，任何一种情感只有表达出来，才有积极的意义，而且，人的生命是依靠爱来生存和发展的，一个人的童年情感经历将会影响他将来的情感状态。

所以，当孩子的情感表达敏感期到来时，要尽量满足他的情感需求，要学会接纳他的感情，从而让他拥有更丰富的情绪和更有意义的爱。

79. 孩子对妈妈的态度、情绪非常敏感，对父母非常依恋

——孩子并不是脆弱，而是开始表达情感，要给他表达情感的自由

孩子在 0 ~ 3 岁这个阶段，接触最多的人就是妈妈，所以他对妈妈的依恋是任何人都无法替代的。其实，在亲子交往中，依恋是一种充满情感的、积极的心理状态。随着年龄的增长，孩子的情感世界会被妈妈唤醒，他会特别喜欢黏着妈妈，享受着来自妈妈的爱与温暖。

女儿从 3 岁开始上幼儿园，一开始表现得挺积极，每次都会愉快地挥着手跟妈妈说"再见"。一年之后，她突然变得特别黏人，每次妈妈送她上幼儿园，她都会拉着妈妈的衣角不让走，并不停地叮嘱妈妈："妈妈，记得

早点来接我，别忘了。"当妈妈来接她放学的时候，她会兴奋地来到妈妈身边，缠着妈妈，让妈妈带她玩，并给妈妈讲幼儿园的事情。如果妈妈去做饭，她也会一直跟在妈妈身边。总之，女儿的吃喝拉撒睡，都要妈妈来陪。

如果家里有像这个女孩一样的"小黏人"，恐怕很多妈妈都会感到麻烦，甚至会拒绝一直陪伴在他身边。其实，孩子这样的表现，是在表达他自己的情感，关注你是否爱他，也是在向你发出信号：我想跟妈妈在一起，我需要妈妈的陪伴。

这种出于本能的对母爱、父爱的需求，恰恰是孩子成长过程中一个极为重要的组成部分。而且，恰当的"黏人"，也有利于孩子日后的人际交往。

要读懂孩子对情感需求的行为

对于处在情感表达敏感期的孩子来说，妈妈一定要读懂他的行为。不然的话，就很容易误会孩子，从而使他的情感需求得不到满足。

比如，孩子明明自己会穿鞋，却撒娇地让你帮他穿；你刚把孩子从幼儿园接回来，他就撒娇地让你抱抱……这时候，如果你认为这是孩子懒惰、依赖的表现，那就真的误解了他。因为，孩子的真实意图很可能是想从你这儿获得关爱。

尽量满足孩子的情感需求

当孩子向你索求关爱时，如果你没有满足他的情感需求，他幼小的心灵就会受到伤害，甚至认为妈妈不再爱他了。这对孩子的成长是非常不利的。所以，要尽可能地满足他的情感需求，向他表达你对他的爱。

一位妈妈把5岁的女儿从幼儿园接回家，一进门，她就缠着妈妈不放，央求道："妈妈，您给我讲个故事吧?"

妈妈本想去做饭，听到女儿这样说，便一口答应道："好，妈妈给你讲故事，不过，只能讲一个故事，因为妈妈要为宝贝女儿做饭。"

你一旦满足了孩子的情感需求，他就会坚定地相信，妈妈是爱我的。如果你因为忙于自己的事情而无法满足孩子的情感需求，就要向他说明原因，以便得到他的谅解，并在忙完事情后及时满足他的情感需求。

给孩子表达情感的自由

孩子在这一敏感期，除了特别在意妈妈是否爱自己之外，还常常会用自己的方式向妈妈表达爱。比如，孩子喜欢往你怀里钻，喜欢亲吻你，喜欢给妈妈梳辫子，喜欢给爸爸捶背……这时候，你千万不要按照自己的主观想法或心情好坏作出反应，而是要读懂孩子的行为举止，高高兴兴地接受他的爱，积极主动地配合他。

80. 孩子对委屈特别敏感，常用哭泣来表达内心的委屈

——不要否定孩子的情绪，要理解、关爱他，驱除他内心的委屈感

几乎每个孩子都会用哭泣来表达自己的情感。孩子在 3 岁之前，一般会因生理方面的原因而哭泣，如饿了、尿湿了、身体不舒服了等，很少涉及情感因素。

当孩子处于情感表达敏感期的时候，他对委屈是非常敏感的，比如，你没有及时去幼儿园接他，小朋友没有叫他一起出去玩，他失去了一件心爱的玩具，你误解了他……这时候，孩子很容易用哭泣来表达内心的委屈。

一位爸爸带着 5 岁的儿子在小区广场上玩。儿子不小心摔倒了，膝盖擦破了一层皮，并流了一些血。这时，他抽泣起来，爸爸一边把他抱

在怀里，一边对他说："爸爸知道你摔倒了会有一点疼，不过，等咱们回到家，爸爸给你把伤口包扎好，你就不会觉得疼了。"他点点头，停止了抽泣。

当爸爸带着儿子回到家后，妈妈看到儿子的伤口，一边大声对丈夫说"你怎么回事啊，连孩子都看不好"，一边心疼地安慰儿子"摔疼了吧，快让妈妈看看"。没想到，妈妈的这种安慰方式却惹得儿子号啕大哭，妈妈把他搂在怀里，他的哭声更大了，好像受了天大的委屈一样。

男孩的膝盖受伤了，他因疼痛而流下眼泪，爸爸安慰了他之后，他便不再哭泣了。然而，当妈妈开始指责爸爸的不称职，并格外关心男孩是否摔疼时，让他觉得自己受了很大的委屈，并用哭泣来表达自己的委屈。

可见，男孩的这种委屈是在妈妈的过分渲染中被激发出来的。所以，当孩子受到委屈的时候，我们一定要用理智的态度对待他，要理解、关爱他，从而驱除他内心的委屈。

认同并理解孩子的委屈

当孩子受了委屈之后，他希望对最亲近的人倾诉，妈妈自然就成了他的首要倾诉对象。其实很多时候，孩子并不需要妈妈为他做主，或替他讨回公道，只需要妈妈理解他的感受，认同他的委屈。

一天，妈妈接女儿放学，女儿一看到妈妈就伤心地哭泣起来，妈妈忙问："发生什么事情了？能告诉妈妈吗？"

女儿抽泣着说："××和其他小朋友在一起玩游戏，我要求加入，她竟然不同意。"

妈妈听了哈哈大笑着说："傻孩子，就这么点事情，还值得哭。好了，咱们赶紧上车回家吧。"

妈妈的话并没有打开女儿的心结，反而让她哭得更伤心了。

女孩之所以会哭得更伤心了，是因为妈妈没有理解她的感受，没有认同她的委屈。长久下去，孩子就会渐渐不愿意向妈妈倾诉内心的委屈了。更为严重的是，如果孩子内心的委屈得不到及时消除，就很容易出现心理问题。

所以，当孩子向你倾诉他的委屈时，你要耐心地倾听他讲述，让他把内心的委屈一吐为快。当孩子倾诉完内心的委屈之后，不要急着讲大道理，而是要对他的委屈表现出同情和理解，比如说"那一定让你感到不舒服"。这样理解的言语会让孩子感到心有所依，就会好受一些。这时候，你再给孩子分析一下事情发生的原因以及正确的处理方法，他就会更容易接受你的建议，内心也不会留下阴影。

允许孩子用哭泣来表达情感

哭泣，是一种情绪表达方式，任何人都有权利用哭泣来宣泄自己的情绪。然而，很多妈妈认为孩子哭泣是一种脆弱、懦弱的表现，会强制性地剥夺他哭泣的权利，尤其是对于男孩。

事实上，孩子任何一种情感的产生都是有理由的，也是正常的，当然这其中也包括哭泣。而且，哭泣可以帮助孩子缓解压力，减轻痛苦，释放坏情绪。所以，要允许孩子用哭泣宣泄情感，表达内心的委屈。

不过，凡事都要有个度，如果孩子特别爱哭，就不能坐视不管了，而是要寻找他爱哭的原因，并对症下药。比如，孩子试图用哭泣的方式引起我们对他的关注，那么，就不要只在他哭的时候才关注他，在平日里也要多给予他关注。如此一来，孩子就会慢慢远离哭泣。

五、
绘画敏感期

孩子对色彩有着很强的感知力，对美有着非凡的理解力，而绘画正好给了他创造美、感知美的机会，他可以通过绘画释放自己的情感，表达自己的思想。孩子在三四岁的时候，会经历一个"绘画敏感期"，会根据自己的感受和想法去"乱画"，然后慢慢过渡到"会画"。

81. 读懂孩子的绘画敏感期，陪他走进涂鸦的世界

曾看到这样一种说法：如果一个孩子在 6 岁之前没有握过画笔，那么这个孩子的绘画天赋很可能就会泯灭。这句话描述了绘画敏感期的重要性。

真的会这样吗？也许很多妈妈对这一观点持怀疑态度。不过，这句话却不得不引起我们的注意。因为在 6 岁之前，孩子会经历绘画敏感期，会有很强的创作欲望，往往会随心所欲、不知疲惫地画。

孩子的绘画天赋是否能够被最大限度地激发出来，很大一部分原因在于妈妈的态度及妈妈给孩子提供的成长环境。如果给孩子创造了一个自由的绘画环境，并给予他积极、正面的评价，那么他的绘画天赋就会被激发出来，他也会顺利地度过绘画敏感期；反之，孩子的绘画天赋很容易被泯灭，会错过绘画敏感期，甚至再也提不起绘画的兴趣了。

可以说，孩子在绘画敏感期内所接受的教育和引导，是他将来踏入绘画这一艺术之门的基础。

看到这里，有的妈妈可能会说："既然绘画敏感期对孩子那么重要，那我一定要提高重视，手把手地教他，及时指出他的不足和缺点。"

这句话只说对了一半，孩子进入绘画敏感期，我们的确要提高重视程

度，但是不要手把手地教他画画。否则，就很容易破坏孩子的绘画天赋和创造热情，使他怀疑自己的能力，甚至导致他不愿意或不敢拿起画笔。

另外，孩子要顺利度过绘画敏感期，还需要一个重要的前提条件——自由。所以，不要用成人的标准去教孩子画画，而是让他自由自在地画。

一般来说，孩子的绘画敏感期会经历4个自由发展的阶段：

第一个阶段：涂鸦期。

在1~2岁期间，孩子就会拿起笔毫无目的地乱画。其实，这个时候的孩子对画什么并没有太大的兴趣，他的大部分注意力都放在了握笔上。在2~3岁期间，他开始进入绘画状态，但所画的几乎都是一些看不懂的符号。尽管如此，孩子一样乐在其中。

第二个阶段：基本形状期。

在3~4岁期间，孩子能够灵活地控制笔，并画出一些基本的形状。比如，在孩子这一阶段的绘画作品中，我们常常能够看到圆形、三角形、方形等成型的形状。这时候，孩子开始明白他的动作与所画的内容之间的联系。

第三个阶段：关注细节期。

当孩子到了4岁之后，他已经不再满足于对事物轮廓的表现了，而是开始关注事物的细节，并用画笔表达这些细节。比如，孩子在画人物的时候，会把五官清晰地画出来，甚至还能画出微微上翘的眼睫毛。

第四个阶段：个性体现期。

当孩子到了五六岁的时候，他就会用绘画的形式来表现他的内心世界和想法了。比如，孩子喜欢某个人，他就会把这个人画得很漂亮，会给他穿上好看的衣服、戴上好看的首饰；如果不喜欢某个人，他就会把人家画得很丑，甚至还会往他的脸上画几颗痣。

可见，孩子的绘画敏感期也是呈螺旋状发展的。所以，我们要耐心地陪孩子走进涂鸦的世界，更要耐心地等待他的成长。

82. 喜欢画画，先是"乱画"，然后才是"会画"

——面对"乱画"的孩子，我们要学会等待，也要给他充分的绘画自由

当孩子进入绘画敏感期后，往往不用妈妈引导，他就会拿起笔来根据自己的想法和理解去绘画，但是画的都是一些奇奇怪怪的东西。

一位妈妈苦恼地说："我家孩子已经 4 岁了，整天乱画，画出来的东西简直就是'四不像'。有一天，他把自己画的画拿给我看，非常得意地告诉我，他画了一个机器人，但我怎么也看不出他画的是什么。这孩子是不是根本就不具备绘画的天赋啊？"

其实，并不是孩子不具备绘画的天赋，而是妈妈评价孩子作品的标准有问题。因为，对于一个三四岁的孩子来说，他不大可能画出和现实生活中的物品非常相像的作品。而且，孩子绘画敏感期的发展不是一蹴而就的，而是要经历 4 个阶段。也就是说，孩子的绘画敏感期要经历从"乱画"到"绘画"的过程。

那么，面对"乱画"的孩子，应该如何做呢？

给孩子充分的绘画自由

很多时候，当一些妈妈发现孩子进入绘画敏感期时，总会要求孩子老老实实地坐在书桌前，并让他照着图画书画。对于刚开始学画的孩子来说，他不可能老老实实地按照妈妈的要求去画，他也没有能力做到这一点。更重要的是，如果妈妈对孩子的要求太多，就会把他的思维局限起

来，会束缚他的创造力和想象力。

所以，要给孩子充分的绘画自由，让他随意去画，想画什么就画什么，看到什么就画什么。在充满自由的环境中，孩子的绘画热情才能延续下去，他的绘画天赋才能得到更好的发展。

由于孩子有很强的创作欲望，很可能会在家里的墙壁上、桌子上、沙发上"即兴创作"。这时候，不要批评孩子，更不要冲他大吼大叫，而是要及时给他提供绘画工具，如小黑板、绘画本、蜡笔、油画棒、水彩笔等，引导他在小黑板或纸上作画。

不要嘲笑或纠正孩子的画

4 岁的女儿把自己的画拿给妈妈看，妈妈指着画上的"东西"问道："这是什么？"

女儿高兴地说："这是花啊！"

妈妈笑着说："你见过长得比树还要高大的花吗？你见过花瓣是黑色的花吗？把笔拿来，妈妈教你，花朵应该这样画……"

听到妈妈这样说，女儿一脸的不悦。

由于孩子认知周围环境的能力较弱，他所画的画可能会与真实的世界存在差异。这时候，我们不要用"像"与"不像"来评价孩子的作品，不要嘲笑他，更不要按照我们的想法去纠正他的画。

孩子即便是画了长得比树高大的花、方形的太阳、五个轮子的汽车，那又何妨？因为，这才是孩子最自然的创造力，才是孩子绘画能力发展的体现。学会利用有利的时机让孩子尽情地绘画，学会欣赏他的作品，才是为人父母最需要有的智慧。

给予孩子恰当的指导

5 岁的儿子喜欢绘画，虽然画得不错，但是缺少灵气。于是，一有机会和时间，爸爸就会带他到处去采风，有时候是去郊外，有时候是去动物园或植物园。在这个过程中，他画的画越来越有生活气息，也越来越有灵气了。

也许，我们没有能力具体且正确地指导孩子的画，那么，就不妨像这位爸爸一样，多带孩子出去采风，让他感悟大自然，提高他的绘画能力。

不过，不要急于给孩子报绘画班。因为当我们仔细观察孩子的自由涂鸦时，就会发现，他画的不是一个单纯的事物或场景，而是有内容的，好像是在讲述一个故事。如果过早地让孩子上绘画班，孩子是学会了很多绘画技巧，画画的水平也提高了，但是却再也不会自然地把一个故事通过绘画演绎出来了。所以，要在孩子经过自我绘画体验的过程之后，再根据他的实际情况决定是否给他报绘画班。

六、音乐敏感期

当孩子到了三四岁的时候，一听到音乐就会手舞足蹈，会冷不丁地唱起在幼儿园学习的歌曲，喜欢用手指头在桌面上弹来弹去……很多时候，孩子正是以这种对音乐的热情，向我们传达一个信号：我已经进入了音乐敏感期，我喜欢音乐，我需要音乐。

83. 读懂孩子的音乐敏感期，让音乐伴随他成长

音乐是表达内心感受的一种方式，很多无法用语言表达的情感却可以通过音乐表达出来。当孩子还处于婴儿期的时候，一听到音乐，他的身体就会自然地产生一种反应，到了 4 岁左右，他的这种反应会更强烈了，这说明孩子进入了音乐敏感期。

科学家研究表明：孩子出生之后，音乐的天赋和本能是最高涨的。这时候，如果我们能够顺其自然地发掘他的音乐天赋和本能，他就会按照内心"导师"的指引自动自发地感知音乐。而敏感期的到来，有利于将孩子的音乐天赋和本能转化为良好的音乐素养和能力。

相反，如果我们无视孩子的音乐敏感期，或者是给予他错误的指导，那么他的音乐天赋与本能就会在八九岁的时候泯灭，就会缺乏对音乐的感知力和鉴赏力，就会出现唱歌找不到调、跳舞踩不上点等情况。

脑科学研究发现：一般在 6 岁之前，那些有音乐天赋的人就开始了音乐感知能力的训练，也正因如此，这些人的大脑中与音乐感知能力有直接关系的区域——颞平面明显大于普通人。

如果孩子到了八九岁还没有接受音乐感知能力的训练，他的大脑感知音乐的模式就会受到限制，颞平面区域就较难被开发出来了。也就是说，如果孩子在音乐敏感期内没有接受音乐训练，那么他就错过了学习音乐的关键期。

然而，在对孩子进行音乐教育的时候，很多妈妈走入了这样一个误区：一看到孩子有音乐天赋，就会采取"拔苗助长"的教育方式，甚至为他的才艺涂上功利的色彩。比如，有的妈妈看到孩子有音乐天赋，便赶紧给他报兴趣班，让他接受系统、正规的学习；孩子一学弹钢琴，就奢望他将来成为郎朗；有的妈妈甚至还希望孩子借此机会一夜成名……

殊不知，当我们一厢情愿甚至强迫孩子学习音乐这项才艺时，他很可能会慢慢丧失对音乐的热爱。如此一来，又何谈把孩子培养成郎朗，又何谈一夜成名呢？音乐教育的最终目的不是把孩子培养成音乐家，而且能够成为音乐家的毕竟是少数人。

所以，我们要转变自己的教育理念，不要认为让孩子学习音乐就是为了让他掌握一门才艺，为将来成为音乐家打基础，而是让他在亲近音乐、感知音乐的过程中产生良好的乐感和音乐鉴赏能力。对于孩子的整个人生来说，这难道不是最宝贵的财富吗？

84. 孩子一听到音乐，就会跟着乐曲扭屁股

——每个孩子都有音乐天赋，要给他营造良好的音乐环境，但不强迫他学习某种乐器

科学研究表明：当孩子处于婴儿期的时候，一听到音乐，他的身体就会自然地产生一种反应。等孩子到了三四岁的时候，听到音乐，他就会和着乐曲，高兴地扭起屁股来。

孩子对音乐的这一反应，说明他已经进入了音乐敏感期。这时候，如果我们能够顺应孩子的意愿，及时让他接触好的音乐，会使他的音乐天赋得到发挥，从而产生良好的乐感，还能培养他的音乐欣赏水平。

有的妈妈可能会认为，孩子没有音乐细胞，学习音乐也没有多大意义和作用。其实不然，不管孩子有没有音乐细胞，只要在音乐敏感期内为他营造一种良好的音乐氛围，让他用心感受音乐，渐渐地，我们就会在他身上发现一种灵动的气质。

从女儿小时候开始，妈妈就为她创造了一种良好的音乐氛围，并一直伴随她的成长而从未间断。早晨起床的时候，妈妈会播放欢快的乐曲，吃饭的时候会播放节奏平缓的乐曲，玩耍的时候会播放轻快活泼的乐曲，睡觉前会播放安静柔和、节奏舒缓的乐曲。在这种音乐氛围的熏陶下，女儿的节奏感和感知音乐的能力得到了培养。

这位妈妈的做法非常好，在不同的时段播放不同风格的音乐，让女儿

在充满美妙音乐的环境中长大。我们也可以借鉴这种方式，让孩子尽早地接触音乐，最好是从胎教开始，让他在充满音乐的环境中快乐、茁壮地成长。

"听"在先，"动"在后

一般来说，对孩子进行音乐训练可以分为两个过程，其一是"听"，即让孩子认识音乐、感知音乐；其二是"动"，即让孩子动手操作乐器。

脑科学研究表明：孩子在听音乐和动手操作乐器的过程中，会运用到大脑的两个不同区域。所以，孩子在婴幼儿时期，主要是进行"听"的训练；当孩子的精细动作发展到一定程度之后，再进行"动"的训练。

也就是说，在对孩子进行音乐教育的时候，应该采取"'听'在先，'动'在后"的方法。这样一来，不仅不会错过孩子音乐潜能开发的最佳时期，还能使孩子的大脑机能得到进一步发展。

给孩子创造一个良好的音乐环境

为了让孩子在音乐敏感期内得到良好的音乐教育，要给他创造一个良好的音乐环境，这个环境要具备三大要素：

其一，音乐。

如今，很多年轻妈妈喜欢给孩子播放一些流行歌、摇滚乐、重金属音乐，这是非常不科学的。因为，这些音乐容易让人躁动、迷乱，会侵扰孩子纯洁的心灵，会让他变得好动、易怒。

给孩子听的音乐作品，无论是乐曲还是歌曲，必须符合孩子的身心特点，内容必须是健康的、积极向上的。可以为孩子选择传统经典音乐，比如，中国传统的民乐，或者莫扎特、巴赫、维瓦尔第等国外音乐大家的经典曲目。另外，基于孩子对比较欢快、节奏变化比较大的音乐最感兴趣这一特点，也可以为他选择这一类的音乐。

需要注意的是，对于婴幼儿时期的孩子来说，他的听觉还处于发育阶段，所以我们播放音乐时音量要适中。如果孩子长时间受到强音量的刺激，容易造成听觉疲劳，会降低他的听觉敏锐度，甚至会影响他的听觉。

其二，乐器。

如果条件允许的话，尽量让孩子接触一些不同的乐器，让他通过触摸、拨弄、弹奏来感知各种乐器的声音。

如果孩子对学习某种乐器有兴趣和天赋，而他的精细动作发展也日趋完善，可以考虑让他接受正规的乐器学习。

不过，千万不要强迫孩子学习乐器，否则只会让孩子失去对音乐的热情和兴趣，甚至还会让他产生抵触情绪。

其三，共同感受音乐的人。

如果处于音乐敏感期的孩子没有共同感受音乐的"知己"，那么他对音乐的兴趣很可能会慢慢丧失。所以，身为孩子最亲近的人，妈妈一定要成为孩子在音乐方面的"知己"。比如，每当播放音乐的时候，跟孩子一起听，可以让他边听音乐边随着节奏拍手或敲打带响声的玩具，可以跟着音乐节奏晃动他的小胳膊，也可以和他一起跟着音乐的节拍晃动身体。在这种氛围中，孩子大脑中的音乐潜能很容易被激发出来。

不要用成人的标准评价孩子的歌声和舞蹈

当孩子进入音乐敏感期之后，他会不自觉地唱歌，也会不自觉地扭动屁股。虽然他可能会咬字不清、唱歌跑调，会跟不上节奏、踩不准舞步，但是千万不要用成人的标准去评价他的歌声和舞蹈，否则会让他失去对音乐的兴趣。正确的做法是，给予孩子鼓励，让他尽情发挥自己的音乐天赋。

七、
书写与阅读敏感期

随着不断地成长，孩子开始对书写与阅读产生一种向往，他希望自己能像成人一样，熟练地用笔写出文字；通顺地将文字读出来。当他产生这种向往时，就意味着他的书写与阅读敏感期到来了，我们要及时点燃他的热情，帮他顺利度过这个敏感期。

85. 从"甲骨文"到"看书"，读懂孩子的书写与阅读敏感期

大多数的孩子在 3 岁半到 4 岁半这一年龄段中，会对笔产生浓厚的兴趣，确切地说，他会对书写产生一定的兴趣。孩子可能会拿着笔画出黑点、线条、不成形的圈圈、完全看不出规律的交叉线……而且还画得很开心。

其实，用笔四处乱画，是孩子在成长中发现的一种表达方式。通过这种方式，他体验到了书写所带来的快乐，这也表明他进入了书写敏感期。这种敏感期在那些拥有良好书写环境的家庭中表现得尤为明显。

处于这个时期的孩子，会写出各种各样只有他自己才看得懂的"天书"，而且笔画完全没有美感，颇为随意，也很是混乱，这是因为这时候的孩子并没有很好的协调与控制能力。

有的妈妈可能会觉得孩子是在捣乱，再加上他的书写"范围"十分广泛，不仅是空白的纸张，爸爸的文件、妈妈的杂志、床单、墙壁、地板……只要是能留下印记的地方，他都会在上面画两笔。

不过，如果我们能理智地对待孩子的这种行为，为他提供更适合于这一行为发展的空间，他的书写技能也许就会发展得更为精湛。而且，随着他的协调与控制能力的逐步提高，运笔的力道也会渐渐变得

均衡起来，他的书写也会变得更加得心应手，这种四处乱画的行为自然就会减少。

孩子的书写敏感期其实还与另一个敏感期紧密相连，那就是阅读敏感期。从 4 岁半到 5 岁半，大部分孩子会将注意力从书写转移到阅读上。

孩子的阅读敏感期一般会分成两个阶段，第一个阶段，他自己还不会阅读，但却非常喜欢缠着我们读书给他听；第二个阶段，孩子就开始尝试着自己阅读了，这时他就已经具备了独立阅读简单图画书的能力。

不过，这一敏感期也存在一个独有的特点。如果说其他的敏感期只要我们耐心观察，就能从孩子的行为变化上发现他进入了哪一个敏感期，那么阅读敏感期的出现则取决于孩子周围的环境。

若是我们一开始就为孩子提供了一个颇有书香气的成长环境，他从小就能接触到各种各样的图书，那么他的阅读敏感期就会出现得很准时或者提早出现，否则这个敏感期可能就会推迟甚至不出现。

由此可见，无论是书写敏感期，还是阅读敏感期，它们的发生发展都需要我们的参与和辅助。我们都希望孩子在未来成为有知识的人，而阅读和书写显然是帮助他扩展知识的最基本的技能，所以，要及时点燃孩子读写的热情，在他的读写敏感期最大限度地调动起他书写与阅读的欲望，使他从一开始就有一种想要学习更多知识的渴望，让他的读写能力在这两个敏感期中得到最好的发展。

86. 对识别与书写文字符号产生兴趣，但写得很不规范

——欣赏孩子的乱画，那就是他的"字"；如果嘲笑、指责孩子，他就会放弃书写

处于书写敏感期的孩子，说白了就是在乱画，他的运笔没有一点规

律,往往只是随着性子来,甚至还会因为肌肉功能不够协调而出现画不出笔道或者把纸划破的现象,最终写出来的东西也一团乱。可他对此一点也不在意,依然画得乐此不疲。

3 岁半的儿子拿着蜡笔趴在小桌子上画了半天,然后他兴高采烈地拿着被涂得乱七八糟的纸找到了妈妈,说:"妈妈,快看,我写的!"

妈妈很努力地去辨认,但是她满眼都是点、线、叉、圈,整张纸上乱成一团。

这时儿子却得意地说:"我告诉你啊,我写的是我的名字!"

说着,儿子指着纸上各式各样的线条给妈妈讲了起来,妈妈则耐心、认真地听着,还不住地点头……

这就是孩子最初的书写热情,他很卖力地写,但写出来的东西却只有他自己明白,不过他也很热衷于向我们解释他写的东西。

所以,为了保护孩子最初的热情,当他写出不规范的符号时,我们也应该像这位妈妈一样,保持平和的心态,耐心地听孩子讲解,或者给予他鼓励,让他争取下次写得更好。我们的宽容与鼓励,能够帮助孩子将这种热情发展下去,使他最终学会正确书写。

鼓励孩子多拿笔

一位妈妈说:"我一看到儿子拿笔就头疼,他什么都写不出来,还总爱拿着笔乱画。他连握笔都不会,一路画过去,我的杂志上全都是他画的乱七八糟的道道,根本都没法看了。所以,一看到他拿笔,我就会抢过来,如果他乱画,我就打他手心,现在他可是老实多了。"

这位妈妈的确感到孩子老实了,可是我们也不难想象,未来当孩子真正需要拿笔写字时,他可能遭遇到怎样的书写困难。

当孩子处于书写敏感期时，先不要管他写得是不是规范，甚至都不要理会他是不是写出字来了，只要他愿意画，就要鼓励他。这会提高他"画"的热情，也会给他的书写兴趣注入动力。在你的鼓励下，孩子就会更乐于拿笔，有了自信与力量，他会更快地协调自己手部、胳膊的肌肉，从而更快地过渡到规范书写的行为之中。

不要对孩子的"作品"予以否定

虽然处于书写敏感期的孩子写出来的"字"并不是字，但孩子自己却认为那是字，而且他也明白自己写的是什么。所以，他写的东西在他自己看来就已经是一幅作品了，我们也要尊重他的作品。千万不要说孩子"这写的根本不是字"，或者吼叫、训斥他说"快别乱画了"。否则，会让孩子从我们的神情、语气中体会到我们的不屑与抱怨，他会因此认为自己的书写行为是错误的，从而不再主动书写。

我们完全可以认真听孩子的讲解，即使不一定真的明白他说的是什么，也要肯定他的这份"劳动"。或者我们也可以主动说"能写字了啊，很好啊！给我说说你写的内容"，这会给孩子一种被尊重的感觉，他的书写热情也会就此保持下去。

给孩子一个良好的书写示范

孩子是模仿的高手，所以与其总是阻止他写出乱七八糟的"画"来，倒不如给他做一个良好的书写示范。比如，需要签字或者写东西的时候，如果不是很严肃紧急的文件，就可以当着孩子的面进行，让他看看我们是怎么拿笔和写字的，同时我们在写字时也最好每一笔每一划都写清楚，这就会给孩子留下好的印象，他也会更向往书写。

87. 兴奋地展示自己的能力，走到哪里写到哪里：白墙上、地板上……到处都会留下"墨宝"

——给予孩子肯定，而不是批评，赏识孩子，孩子才会保持书写的热情

处于书写敏感期的孩子颇有一种"炫耀"的心理，于是，家中的地板上、墙面上、床单上、饭桌上、衣柜里、抽屉里、茶几下……都有可能留下或隐藏着他的"墨宝"。他兴奋地向所有人展示着自己的书写能力，但却也在不知不觉中挑战着妈妈的忍耐极限。

一位年轻的妈妈到朋友家去串门，一进门就看见客厅的角落里有两面大大的白板，朋友4岁的女儿正专心致志地在上面写着"天书"。

见此情景，这位妈妈不禁羡慕地说："看你这宝贝多乖，我家那小子划得满世界都是笔道道，我每天光擦墙、擦地板、洗床单就要累死了。你家这宝贝是怎么教的啊？我家那小子怎么训都不听。"

朋友却笑笑说："孩子处在书写敏感期，四处留墨是正常的啊！怎么能训斥呢？而且，他在展示自己新具备的这项能力，我们不是应该为他的成长感到开心吗？"

年轻的妈妈若有所思，她看了看依然在专心乱画的孩子，转头就向朋友请教起教育方法来，她也觉得应该改掉自己错误的教育方式……

干净整洁的家被孩子画上无数条清理起来十分费劲的笔道，这对于爱干净的妈妈来说，的确是一件很难容忍的事情。不过，就像这位妈妈的朋友所说，如果因此就训斥孩子、吼孩子，无疑是在打击他的自我成长。

所以，应该认同孩子的情感，要站在他的角度去体会他的感受，更要明白这是他成长中迈出的一大步。同时也要开动脑筋，寻找合适的方法来巧妙地化解孩子这个"四处留墨"的行为。

善意看待孩子四处乱写的行为

孩子之所以会乱写乱画，是因为他心中并没有"乱写"这个概念。处于书写敏感期时，他体会到的最明显的一种感觉，就是他也能像我们一样拿着笔写些什么了。这时他的大脑中充满了兴奋感，如果盲目地训斥他，对他大吼大叫，就会浇灭他的热情。

我们完全可以善意地看待他的这种行为，不要太在意室内的整洁，而是要将注意力放在他书写的热情上。如果跟着孩子看他写的东西，再听他讲解写的内容，也许我们会发现这其中的乐趣，并能体会到他的兴奋。

引导孩子尝试着规范书写

虽然训斥孩子"四处留墨"是不合适的，但也不能放任他这样做，比较好的方法就是引导孩子尝试着规范书写。

规范书写包括规范书写用具、规范书写场所、规范书写内容。

在用具方面，可以给孩子准备一些彩色的蜡笔、大一些的纸张，或者是可多次重复擦写的白板；至于场所，则可以给他准备一个高度合适的小书桌，或者把他的白板放到房间的角落里；而书写内容，可以教孩子写上一些简单的笔画、偏旁部首，或者像"人""八"这样构造单纯的字，剩下的交给孩子自由发挥就可以了。

当然，为了能让孩子乖乖地在合适的场所使用规范的书写工具，我们也要用些巧妙的计策。比如，可以利用孩子对书写的向往为他买文具，使他产生一种满足感，这样他就更愿意用文具去书写，这多少也能减少他四处乱写的行为。还可以这样对孩子说："写在墙上的字，爷爷奶奶要是想看，他们都看不到，如果你写在纸上，我们就能拿去给他们欣赏了。"或者也可以说："我们要把你的作品放在醒目的位置，如果写在墙上，没法随意摆放，要是能在白板上写，我们就能把它摆在你想摆的位置，这多方便啊！"通过这样的引导，孩子也许就不会再随意乱涂乱画了，而是乖乖地在指定的位置去写画了。

不要随便干涉或纠正孩子最初的书写方式

孩子最初的书写一定是不规范的，从握笔到书写，包括笔画的运笔方向，都是顺着自己的性子来。有的妈妈为了培养孩子良好的书写习惯，强硬地纠正他的拿笔方式，还会强迫孩子接受从左到右、从上到下的笔画方式。这其实是不可取的。

因为孩子最初只是对书写产生了兴趣，在他看来他就是在做游戏，我们强硬的干涉只会让他觉得受到束缚，从而失去对这个游戏的兴致。所以，最初孩子拿起笔时，我们只要耐心看他乱画就好了，至于拿笔的方式、笔画的顺序，通过我们的示范以及他自己肌肉调节能力的提升，还有他自己的模仿学习，书写一定能变得规范起来。

88. 喜欢阅读，喜欢认字，而且对阅读乐此不疲

——早点让孩子接触书籍，孩子的阅读敏感期就会早日到来

之前，孩子很容易表达出完整的句子，而阅读印在书本上的文字却并不是易事。但就算是这样，当孩子四五岁时，他还是会对翻着书本念字这样的行为产生一种憧憬，他期待自己也可以做到这样"伟大"的事情。

这其实就是阅读敏感期所引发的孩子的阅读潜能，如果此时我们能抓住这个机会，对孩子进行细心准确的培养，那么他不仅会产生更为浓厚的阅读兴趣，还能养成良好的阅读习惯。

"妈妈，再给我读一个故事吧！"这是 4 岁半的女儿每天睡觉前都会说的一句话。

妈妈一开始以为女儿只是单纯地喜欢听故事，可是观察一段时间下来，她发现女儿不仅仅喜欢她读出来的故事，更喜欢她读书的样子。有时候她看到女儿自己也捧着书，学着她的样子一板一眼地哼哼哈哈，而且还会翻页。不过每次妈妈走近了看，都会发现女儿其实根本没在读书上的文字，而只是在"读"她头脑中的故事。如果她翻书的过程中遇到了自己认识的字，一定会很开心地指着字并大声地念出来。

由此，妈妈发现女儿进入了阅读敏感期，看来以后要多给女儿准备更多更好的图书了。

孩子的阅读敏感期往往萌发于我们为他创造的环境中，在环境的刺激下，他会逐渐爱上阅读，对于认字会表现出比以前更为强烈的欲望。而且，他也会热衷于寻找自己认识的字，只要找到了，就会大声地念出来。

面对孩子的这份热情，我们不如趁热打铁，采取合适的引导与教育方法，让他真正学会阅读，并进一步爱上阅读。

为孩子阅读适合他的、他喜欢的书

正因为孩子对阅读的兴趣来源于我们为他创造的环境，所以我们就要创造一个良好的环境。阅读敏感期的第一个阶段以我们为孩子阅读为主，此时我们要为他选择适合他这个年龄段的、他喜欢的书籍，用他喜欢的故事引导他对阅读产生兴趣。

不过，一定要注意书的质量，不要只贪多，要选择故事内容精良、带有一定教育意义的书；更不要随便用一本杂志就打发了孩子的"阅读兴趣"，否则只会对孩子造成误导。

另外，你可以适当地在阅读之后加上这样一句话"后面还有很多好故事，等你自己会读书了，你就能看更多的故事了"，这样的话会激起孩子想要认识文字、学习阅读的欲望，使他更愿意去阅读。

满足孩子想要认字的需求

为了更好地阅读，识字量是必不可少的，孩子也会发现这一点，所以他会对识字产生一种迫切的需求。这时，就要满足他的需求。首先从最简单的文字开始，比如"天""大""小""口"等这些字，可以一边教他读，一边教他写；对于他感兴趣的字，我们也要认真耐心地教给他。

不过，也不要太过心急，尤其是不要一下子教给孩子很多字，也不要很死板地教孩子认字，完全可以看见什么字就教什么字。识字也有个过程，要让孩子感觉到快乐，否则一旦他对识字产生了厌烦感，也许就会影响他对阅读的兴趣。

尽早引导孩子接触书籍

若想让孩子爱上阅读，引导他多接触书籍是必不可少的一步。这就需要在家里准备很多书，不仅有适合孩子看的，也有适合父母看的（父母看书给他做好榜样）。孩子眼睛所到之处，都是书，是最好的。而且，可以给孩子准备个小书架，让他随手就可以拿到自己想看的书。这点要特别重视。

当孩子翻书时，要予以鼓励，尤其是对他"痴迷"于看书这种行为给予最大的理解与支持，这会让孩子明白阅读这一行为是值得提倡的。

不过，也不要对孩子的阅读管得太严格，不要期望才四五岁的孩子就能读什么大部头的书，可以让他看一看、摸一摸，但不要强迫他必须会读这样的书，否则也会使他产生恐惧心理。另外，引导孩子接触的图书也要形式多样、种类各异，这会让孩子尽早发现阅读世界的丰富多彩，从而更乐于进入这个世界。

89. 孩子如果没机会接触传统启蒙经典，就会去背电视广告

——孩子总是要阅读的，他对读物的难度没有认知，不会感觉经典难读，可以给他提供阅读传统启蒙经典的机会

你可能经常会对孩子的记忆力感到无比惊讶，只要看过几遍的东西就已经能倒背如流了。不过，孩子背诵的是有意义的东西还好，如果他将电视上那些无意义的广告背得滚瓜烂熟，你是不是也会觉得有些无奈呢？

爸爸妈妈喜欢看电视，5 岁的儿子也爱看电视，而且特别爱记广告词。他经常在下一个广告播出前，就已经开始背起了广告词。爸爸一开始还觉得儿子那稚嫩的声音说那些广告词是件很有意思的事情，但很快他就发现了问题。

有一次，爸爸带着儿子去看望老朋友，谈话间朋友说最近自己正头痛，结果儿子在一旁忽然就冒出一句："那个不痛，月月轻松。"爸爸和朋友一瞬间都尴尬无比……

孩子的言行是家庭生活的一面镜子，如果他从小没有机会接触到传统经典，那么他的头脑中就不会积累起更加有意义的内容；如果他在阅读敏感期没有读到好书，那么他只能寻找其他"阅读材料"来满足他的阅读需求；再加上广告原本就"声光色俱全"，这对孩子有很大的吸引力，所以他才会记忆大量的广告词（有时候孩子也会背诵他觉得有意思的电视剧台词），但这明显是对孩子自身记忆能力的一种浪费。

古代伟大的教育家孔子说："少成若天性，习惯成自然。"意思是，儿童思想单纯，只要引导得法，他的好品行就会与日俱增，并且植根于心，形成习惯。所以，当孩子处在阅读敏感期时，我们一定要注意为他打造一个良好的阅读环境，多为他准备一些经典，让他从一开始就接触到经典中

的智慧，从而使他的言行品性从最初就得到良好的熏陶与培养。

我们一定要重新认识传统文化经典

一说到经典，有的妈妈可能立刻会觉得那些都是迂腐陈旧的东西，不值得一读。但正是这种错误的认知导致很多孩子错失了读经典的良机，反而装了满脑子的广告词和电视剧台词。

在今天这个中华民族伟大复兴的大环境下，重新认识经典是非常有必要的。那什么是经典呢？经典，是古圣先贤总结出来的、历经千百年验证的、可以教人立身行事的典籍。再进一步阐述，经者，恒也，常也，上下前后贯通也；典，重要文献、典籍。所谓"经典"，即记录经国济世常道、天理秩序规律、人类文化的本元；经典，就是"道之体"，特指把天地人生的"大道"揭示得最圆融、中正、永恒的典籍，是天下之公理，可永垂万世而不朽，放之四海而皆准……换言之，经典，就是指一些具有典范性、权威性、经久不衰的万世之作，是经过历史选择、千古流传的极有价值的、具有代表性的作品，是一个民族智慧的结晶，更是一个民族文化最重要的依据。民族的价值体系、基本信仰，全部由这一民族的经典所负载。事实上，任何一种文化系统都有其永恒的经典作为源头活水。

经典之所以被称为"经典"，就是因为它们所承载的是常理常道，是民族精神的源头，是文化教育之根本，千古传承，屹立不倒。这是因为它们合乎天道、地道、人道！只要合乎天地人道，这些中华五千年的优秀文化成果——经典，就会历久弥新，永远成为人类生命方向的指南，永不过时！

中华民族的经典即是"六经"及其相关经典与根据"六经"所改编的童蒙书籍。中国人所诵读的"四书五经"、《孝经》与种种童蒙书籍如《弟子规》《三字经》《百家姓》《千字文》《千家诗》等，以及经、史、子、集四部选篇，俱为中国古代一贯的教育内容，现今弘扬传统也必须由此而谈。

实际上，中华民族优秀的传统文化都蕴藏在经典之中，亘古不变的哲理精华也在经典的字里行间自然显现，孩子阅读这些书籍，将会使他的人生大大受益。

比较适合孩子阅读的经典，包括前面提到的《弟子规》《三字经》《百家姓》《千字文》《孝经》，还有《幼学琼林》《笠翁对韵》等，其中以《弟子规》最为重要。另外，"四书五经"中的《论语》《大学》《中庸》《孟子》《易经》等，也是对孩子成长非常有益的经典，也可以推荐孩子读。

给孩子创造良好的阅读环境

女儿处在阅读敏感期，妈妈便给她买来了《弟子规》等经典书籍。但是，妈妈自己却经常看电视剧，女儿被电视吸引，有时候也跟着她一起看，妈妈也从来不催促女儿看书。结果书虽然是买来了，但女儿却似乎并没有翻过几页。

虽然准备了书，但这位妈妈却并没有给孩子创造一个良好的阅读环境，结果孩子依然不爱阅读。

我们要给孩子创造适合阅读经典的环境，在家尽量少看电视，少玩激烈的游戏。吃完晚饭，或者是日常休息的时间，可以在家放一些舒缓的古典音乐，然后和孩子一起翻看经典。或者，我们静静地看书，以此来引发孩子的模仿，他就会主动去翻书了。

教孩子正确地"读"经典

读书并不是机械地把字念出来，正确的阅读方法才能让孩子真正从书中受益。在读经典的时候，首先要让孩子保持端正的坐姿，读的时候要教他放慢语速，一个字一个字地念出来，吐字要清晰，读音也要准确。正如《弟子规》里提到的："凡道字，重且舒，勿急疾，勿模糊。"吐字要清楚、缓慢，要把重点讲出来，不要太快、太急，更不要模糊不清。《弟子规》里还提到："读书法，有三到，心眼口，信皆要。"读书需要掌握三个要领：心到，眼到，口到。就是说，读书要用心记，要用眼睛看，要用嘴巴读。

由于经典书籍中的词句大多优美而又带有一定的韵律，读起来朗朗上口。只要孩子认真读，就会被这种节奏感所吸引，从而越读越爱读。至于书中的内容，也将随着他阅读量的增加，慢慢印刻在他的脑海之中。在读的时候，不要严格要求孩子理解经典讲的是什么意思。未来的某一天，他自然会理解，并把经典的教诲变成他人生的智慧。

不过，这里所说的"读"经典，并不只是单纯地阅读，这个"读"之所以加了引号，是因为它还有"听"的意思，听，也是一种读。也就是说我们在教孩子读经典时，也可以利用经典有声读物来为他创造一个"有声的经典环境"。在这样的环境中，孩子自然就会受到"熏陶"，等到他自己再读时，他也就会跟着有声读物中正确的诵读方式去诵读了。

与孩子一起读经典

经典书籍无论什么时候都不会过时，所以与其教孩子读经典，不如和孩子一起读经典。一方面能给孩子做一个好榜样，使他更愿意去读经典，另一方面我们也能从经典中获得更多的体会。

与孩子一起阅读时，不能变成孩子的陪衬，而是要和他一样声音洪亮，每个字都要念准，断句也要准确，保持适中语速，以一种认真对待的态度去完成阅读。

对经典不妨"死记硬背"

这个说法好像有点让人惊讶，因为很多人认为"死记硬背"是比较愚蠢的记忆方法，其实不然。对于中国传统文化经典，所谓的"死记硬背"也是非常有效果的，因为这些经典是高度浓缩的智慧精华，有文学之美，比较适合"死记硬背"，可以通过这样的方式把经典来储存在大脑之中。

年龄越小，记忆力越强；年龄越大，理解力、体悟力越好。古人就采取"先记忆、后理解"的经典学习方式，先吸收储存，后消化理解，所以代代人才辈出。这样学习经典的方式，是"正本清源"，是"固本培元"。只有小时候"死记"多了，长大后才会"活用"。

美学家、教育家朱光潜曾说："私塾的读书程序是先背诵后讲解。在'开讲'时，我能了解的很少，可是熟读成诵，一句一句地在舌头上滚将下去，还拉一点腔调，在儿童时却是一件乐事。我现在所记得的书，大半还是儿时背诵过的，当时虽不甚了了，现在回忆起来，不断地有新领悟，其中意味，确是深长。"

哲学家、历史学家任继愈指出："文化也要从娃娃做起才有根。古代的东西是文言文写的，有些地方可能不大通，没有关系，小孩子记忆力好，先记下来，慢慢消化。古代经典经得起揣摩，经得起消化，不是念一遍就完了。有些故事，讲一遍，听过去就完了，可经典文化不一样，第二遍读过来和第一遍的感受不一样，第三遍和第二遍又不一样，可以长期起作用。"

二位先生说的"背诵""记忆"其实是"学习"的过程，即吸收，而"揣摩""消化"则是"反刍"的过程，即内化。

在孩子还没有足够能力去理解时，就把经典交给他们，看似不合时宜，但却是中国文化代代相传的绝佳方法。对孩子而言，其心灵纯净空廓，经典可以激发其一生的文化向往，并奠定其一生的文化根基。年幼时背诵的大量经典，随着岁月的增长与人生历练的增多，会自动开启回味经典的心灵按钮，从而更深刻地体悟圣贤经典的精妙智慧，终会感慨万千，一生受用。

第五章

不吼不叫，
剖析 5 ~ 6 岁孩子的敏感期

　　孩子在长大，一个个敏感期也随之逝去，他能继续享有的敏感期越来越少，在五六岁甚至再大一些时，孩子会经历社会规范敏感期、数学敏感期、文化敏感期等。在此期间，他会向妈妈表达"我要做"的意愿，如扫地、擦桌子、切菜、做饭等；他喜欢遵守规则、说话算话，如果有人违背，他会非常痛苦；他注重并维护自己的权利、要求公平、平等；他迷恋加减法，探索数字间的关系，对分类和组合非常感兴趣；他喜欢探究事物的奥秘，也喜欢问各种"为什么"，喜欢感知中西方文化的魅力，喜欢用笔来"表达"自己的想法、想象……你会发现，孩子真是越来越懂事，也越来越爱学习了。当然，这需要一个大大的教育前提——理解孩子，不吼不叫。这样，你才能真正感知孩子生命的成长，为了孩子，加油！

一、
社会规范敏感期

随着孩子年龄的增长，我们会惊喜地发现：他会模仿妈妈的样子擦桌子、扫地、切菜、做饭等；会要求包括自己在内的所有人遵守规则；会维护自己的权利，也会要求公平、平等……这是孩子成长的标志之一，意味着他已经走进了社会规范敏感期。

90. 观察孩子的行为，读懂孩子的社会规范敏感期

当孩子到了 3 岁左右的时候，他逐渐脱离以自我为中心的思维模式，开始关注身边的同伴，对结交朋友、参与群体活动有明显的倾向，对一些社会规范的东西表现出浓厚的兴趣。而且，随着年龄的不断增长，孩子与人交往、参加群体活动的愿望会越发强烈，对一些社会规范的兴趣会更加浓厚。这说明，孩子进入了社会规范敏感期。

一开始，孩子非常乐于独立去做一些事情，并开始模仿成人的一些行为。比如，他会有模有样地学着妈妈的样子扫地、擦桌子、洗衣服等；会有模有样地学着爸爸的样子做一些重活、修理家用电器；等等。

同时，孩子还喜欢在做事或玩游戏之前制定规则，并要求每个人都要遵守规则，如果有人不遵守规则或破坏了规则，他就会非常痛苦。

不仅如此，孩子常会以成人的姿态对待一切，懂得维护自己的权利，并强烈地要求所有人平等地对待他。比如，当孩子觉得自己的权利不被尊重时，他会为了维护自己的权利，而一本正经地对待这件事。

如果你没有尊重孩子的成长规律，没有读懂孩子的行为，那么他的社会规范敏感期就有可能稍纵即逝。

比如，当孩子想学你的样子擦桌子时，如果你为了省事而不允许他

做，他很可能以后再也不会主动擦桌子了；如果你没有遵守孩子的规则，或者是强迫他按照你的规则行事，那么就会破坏他内心的规则意识，很可能会导致他以后不按规则行事；如果你没有尊重孩子的权利，那么他就不会懂得维护自己的权利，很可能会变成一个懦弱、无能的人。

不过，每个孩子的社会规范敏感期出现的时间并不完全相同。所以，只有细心观察孩子的内心需求，用心读懂他的行为，才能有的放矢地实施教育。

一般来说，孩子在两三岁的时候，自我意识非常强，凡事都从"我"出发。慢慢地，当孩子开始关注同伴的行为，表现出与人交往的愿望，并要求每个人都按照规则行事时，就说明他的社会规范敏感期真的到来了。

在社会性行为方面也是如此。以前，孩子对父母的要求不理解、不采纳。但是，当他到了某个年龄段时，他开始逐渐理解这些要求，并按照要求做事，这说明他在试图调整自己的行为，努力与周围的规则相适应。

当孩子的社会规范敏感期真的到来时，要培养他的服务意识，增强他的自理能力；鼓励他参与简单的家务劳动；教他学会遵守社会规则、生活规范、日常礼仪，让他拥有自律的生活；尊重他的权利，满足他所要求的公平、平等。

总之，我们应该有意识地融入一些社会规范和行为规范的教育元素，促进他的社会化发展进程。当孩子逐渐将社会规范内化为自己的行为标准时，就会用它约束自己的言行举止。

91. 想学妈妈的样子扫地、擦桌子、做饭等，表达"我要做"的意愿

——不要怕孩子做不好，不要怕他伤着自己，给他去做这些事的机会

随着孩子自我意识的发展，再加上他乐于模仿，他开始对成人的一些

行为产生兴趣。比如，他想学着妈妈的样子扫地、擦桌子、做饭等；他想学着爸爸的样子修理家用电器……总之，孩子在表达"我要做"的意愿。

孩子之所以会在社会规范敏感期有这样的表现，主要有两方面的原因：其一是受到好奇心的影响；其二是受到自我意识的影响。他常常觉得自己已经长大了，认为"大人能做的事情，我也照样能做"，并希望通过做事来展示自己的能力。

可以说，这是孩子自我意识发展的一种表现，也是孩子成长的一种标志。然而，很多妈妈却常常把孩子的行为看成是"搞破坏""捣乱"，或者因害怕他受伤或做不好而不允许他去尝试。

一天，妈妈正在厨房切菜，5岁的女儿跑到厨房，拿起另一把刀要学着妈妈的样子切菜，妈妈立即把菜刀夺过来，对她说："我的小姑奶奶啊，这个不好玩，要是切着手就麻烦了。"女儿央求道："妈妈，我想切菜，您就让我切吧！""现在不行，等你长大了之后再学。""我现在5岁了，已经长大了。"妈妈一边往屋外推女儿，一边对她说："好了，去一边玩会儿吧！"

这位妈妈因为害怕孩子切到手，而没有给她学习切菜的机会，看似是为了孩子好，但结果很可能会造就一个懒惰、无能的孩子。因为，当孩子想要尝试的想法被我们拒绝之后，他做事的积极性就会被无情地扼杀。久而久之，即使孩子内心渴望能够像大人那样做家务，他在行动上也不会表现出来。可以说，每个孩子的懒惰、无能都可以从他的童年时期找到原因。

另外，不允许孩子做事，除了会让他变得懒惰之外，更可怕的是会扼杀他的好奇心和探索欲，甚至感恩之心。孩子的好奇心和探索欲是学习成长的原动力，如果他早早就丧失了这份原动力，那他的学习成长势必会受到影响。另外，孩子通过做力所能及的事也在承担自己作为家庭一员的责任和义务。

所以，一定要尊重孩子的成长规律，支持和鼓励他想要尝试的想法，从而让他顺利度过社会规范敏感期。

给孩子做事的机会

当孩子有想做事的想法时，一定不要为了省事或怕他做不好而打压他的这种积极性，而是给他做事的机会，让他尝试着做一些力所能及的事情，鼓励他做一些简单的家务活。这对孩子未来的成长有着积极的意义，比如，有利于培养他的自理能力，让他掌握简单的生活技能。

为孩子创设做事的条件

为了让孩子更好地学习做事，就要为他创设合理的条件。比如，把孩子的衣服放置在低矮的橱柜里，以便于他随时取放、整理；为孩子准备小被子，以便于他叠被子；给孩子准备儿童专用的劳动工具，如小塑料桶、小扫把、小拖布等，以便于他学习扫地、拖地……

如此一来，孩子就会对整理物品、做家务产生浓厚的兴趣，不仅会逐步掌握生活自理能力，还会激发责任心。

另外，还要根据孩子的实际情况，给予他帮助。比如，孩子想学着我们的样子洗衣服，就可以给他洗小件的衣物；孩子因为厨房的台面高而不方便做一些简单的家务时，可以给他搬个小板凳或结实的箱子……这样会更利于孩子学习做家务。

及时给予孩子肯定和鼓励

一开始，孩子在尝试做事的时候，很可能会做不好，会发现自己没有妈妈做得好。这时他很可能会产生挫败感。这时候，一定要及时给予孩子肯定和鼓励，要肯定他做得好的一面，并鼓励他"多做几次，一定会做好"。

同时，也要给予孩子指导，纠正他做的不正确的地方，但要注意说话的方式和语气。比如，孩子在扫地的时候，没有扫到桌子、椅子下面，就可以这样对他说："我们家宝贝能帮妈妈扫地了，真是长大了，而且，把地扫得很干净，如果你再把桌子和椅子下面扫干净，那就更好了。"这样一来，孩子就会高兴地扫桌子、椅子的下面。

92. 如果有人说话不算话，或破坏规则，孩子就会非常痛苦

——不强迫孩子做违背他自身规则的事情，尊重他的规则意识

当孩子到了四五岁的时候，开始对规则的建立与遵守格外在意。所以，孩子会在做事情或玩游戏之前建立一些规则，以此来约束每个参与的人。如果有人不遵守规则，或者是破坏了规则，孩子就会认为这是不对的，甚至会非常痛苦。

周末，妈妈带着5岁的儿子在广场上玩滑梯。这时候，另一个妈妈带着两岁多的女儿走来，看到好几个孩子都在排队等着玩，便对排在第一个的男孩说："小朋友，能不能先让妹妹玩一下滑梯呢？"

男孩妈妈见男孩没反应，便对他说："小妹妹想玩滑梯，作为哥哥，你是不是应该让她先玩一下呢？"

男孩态度坚定地说："不行！"

妈妈非常不解，便问道："为什么呢？"

男孩一本正经地说："因为她没有排队，在幼儿园，我们都是要遵守规则的，只有排队才可以玩。"

妈妈笑着说："那么，如果小妹妹排队了，你会让她玩吗？"

"当然会了。"

女孩妈妈听到这对母子的对话，一边说着"我们排队"，一边抱着孩子排到队伍的后面了。

可见，孩子在意的不是谁先玩滑梯，而是规则。因为在孩子的眼里，做事或玩游戏都是有一定规则的，玩滑梯的规则是"要先排队，才可以玩"。

孩子之所以如此在意规则，是因为规则会让这一时期的孩子产生安全感，让他的自我意识得到进一步发展。另外，当孩子在做事或玩游戏的过程中反复使用规则时，他就会把规则内化，这意味着，他对群体、社会有一种规则意识、责任意识。

所以，当孩子处于社会规范敏感期时，不要强迫他做违背他自身规则的事，而是要尽量尊重他的规则意识，并鼓励他坚持按照好的规则去做。

不要强迫孩子遵守我们的规则

妈妈有妈妈的规则，孩子有孩子的规则，一旦亲子之间的规则发生碰撞、分歧时，很多妈妈就会强迫孩子遵守妈妈的规则。这么做，孩子的心理会受到伤害，规则意识的发展也可能会受到阻碍，甚至对是非的判断也会出现偏差。

所以，当你对孩子的行为不理解的时候，当你与孩子之间的规则发生分歧的时候，不要急于说服他按照你的想法去做，而是先与他沟通，引导他说出自己的真实想法。如此一来，你会发现，孩子的想法也有一定的道理，并不是任性或故意找茬。那么，你就要更加尊重孩子的规则意识，从而让规则在他的内心得到强化。

多向孩子传递好的规则

一般来说，孩子的规则意识来源于两方面：一是在秩序敏感期内所形成的固定秩序被孩子延续下来，从而形成了内在的规则意识；二是成人向孩子传递的规则。既然孩子的规则意识有一部分来源于妈妈，妈妈就要多向孩子传递一些好的规则，从而让他将遵守这些规则变成自身的需要。

不过，有的妈妈一边向孩子传递好的规则，一边却不遵守这些规则。比如，妈妈教育孩子过马路要"红灯停、绿灯行"，而自己却总是闯红灯。这样的话，孩子就会对妈妈产生不信任的心理，会感到非常痛苦。所以，要给孩子做一个遵守规则的好榜样。这样，不仅有利于孩子顺利度过社会规范敏感期，还有利于他将来做一个遵守规则的好学生、好公民。

93. 了解自己和他人的基本权利，注重并维护自己的权利，要求公平、平等

——这是孩子成长的标志之一，要尊重孩子的权利，正确看待他的成长心理

在社会规范敏感期内，孩子除了会学习成人的行为之外，还常常以成人的姿态对待一切。比如，如果有人侵犯了孩子的权利，他就会一本正经地维护自己的权利；如果孩子受到了不平等的待遇，他就会勇敢地站出来要求平等，并让对方给自己道歉。

爸爸带着 6 岁的女儿在小区玩，女儿有些渴了，爸爸就带着她在附近的小超市买了一瓶酸奶。她喝了一口，便对爸爸说："爸爸，这瓶酸奶和平时喝的味道不一样。"

爸爸连忙拿过酸奶，看了一下日期，说："已经过期了，不要喝了。"

女儿说："我们应该去超市要求他们退钱。"

"这瓶酸奶也没多少钱，算了吧！"

"不行，上次妈妈也买了一瓶过期的酸奶，妈妈说了，我们应该维护自己的权益。"

"好，爸爸支持你。"然后，爸爸带着女儿来到超市，超市的工作人员为没有及时检查产品的保质期而感到抱歉，并把钱退给了他们。

这个女孩之所以会坚决地要求超市退钱，是因为她从妈妈那里了解了自己的基本权益，懂得要维护自己的权益。

孩子一旦了解了自己的基本权利，并懂得维护自己的权利，时刻要求公平、平等，那么当他的权利受到侵害的时候，他就会用正当手段去解决。如此一来，孩子的自我保护意识就会得到增强。而且，孩子也会懂得维护他人的权利，懂得公平、平等地对待他人。

真正尊重孩子的权利

有的妈妈也许会纳闷：这么小的孩子有什么权利啊？他懂得维护自己的权利吗？

其实，孩子和我们享有一样的权利，比如，选择权、隐私权、表达自我的权利、申辩和解释的权利，独立思考和判断的权利，等等。当孩子进入社会规范敏感期之后，他对于自己的权利是非常看重的，这也意味着孩子的自我意识和自尊意识的觉醒。

所以，面对孩子的种种权利，不要表现出不屑，不要敷衍他，而是要真正尊重他的权利。唯有这样，孩子才懂得维护自己的权利，他的规则意识才能顺利地发展，将来走向社会之后，他才懂得如何保护自己。

正确看待孩子所要求的公平、平等

很多时候，妈妈无视孩子的权利，常常用审视的眼光看待他，以自己的经验评断他，这就在无形中给了他一个不公平、不平等的待遇。如此一来，孩子会认为，人的尊严是可以随便践踏的，是没有必要保护的。这对孩子的成长和未来的人生发展来说，是非常不利的。

所以，当孩子向我们要求公平、平等时，我们一定要正确看待孩子的这种心理需求，并做出最合理、有助于孩子成长的回应。比如，去餐厅吃饭，他想像我们一样点菜；一家人聊天，他想像我们一样表达自己；如果我们没有遵守规则，没有履行约定，他就会要求我们向他道歉……

二、数学敏感期

数学是相对抽象的符号系统，孩子在出生后并不会立刻进入数学敏感期，随着对数学感性经验的不断积累，他会慢慢对抽象符号产生兴趣，之后才会进入数学敏感期。这个敏感期会影响孩子未来的数学能力，所以要注意采取合适的方法来帮助他培养良好的数学品质。

94. 读懂孩子的数学敏感期，开发他的数学潜质

数学能力被看做是人类智能结构中最重要的基础能力之一。人类在认识自然的过程中，有一个重要的方面就是要认识自然中各种数量关系以及形状、空间等概念，并通过这些关系和概念来改造自己的生活。

不过，数学能力并非人天生就具备的，需要后天训练才能逐渐被开发出来。所以，如果在合适的关键期进行训练，数学能力的开发就会更加轻松。对孩子来说，开发数学能力的第一个重要的关键期，就是他的数学敏感期。

数学敏感期一般出现在孩子 5~6 岁这一阶段，这时他对有形世界已经有了充分的接触，他的智力也有了更进一步的发展，他开始关注那些抽象的符号，并对其产生浓厚的兴趣，想要弄明白它们是什么。

这也就是说，数学敏感期的出现是需要一个积累沉淀的过程的。所以，一些妈妈认为的"如果早早就开始教孩子认数、数数，他的数学敏感

期就能提前"的想法，显然是不正确的。虽然我们教他数数，但这只是在机械地让他记忆那些抽象的符号。在孩子眼中，这些符号与他看到的图画没有区别，他可能并不明白这些符号所代表的含义。

所以，我们要耐心地等待孩子自发主动地想要接近数学，等他对那种奇妙的关系产生兴趣，让他主动去记忆，并开始进行自主思考，这才代表他真正进入了数学敏感期。

一位妈妈之前并没有刻意教孩子加减法，她认为数学方面的学习靠死记硬背不是好方法，所以一切都顺其自然。

直到孩子5岁的一天晚上，他忽然对妈妈说："妈妈，你问问我7＋5等于多少。"

妈妈感到好奇，便顺着他的意思问道："7＋5等于多少啊？"

孩子自豪地回答："12！"

妈妈惊讶地问："你怎么知道的？"

孩子说："在幼儿园玩的时候，突然想到了，然后就扳手指头数了数。"

在说完这话之后的几天里，孩子不停地和妈妈说着"几加几"的问题，妈妈感觉现在才是孩子的数学敏感期，于是她抓住时机，开始对孩子进行数学能力的培养。

这位妈妈做得很好，孩子之所以开始对数学加法感兴趣，代表他的智力发育已经到了一定的高度，他可以理解那些抽象的数学关系与概念了，这时再去教他学习数学，一方面孩子能够理解其内容，一方面他也更愿意学习。

鉴于此，我们要耐心等待，尊重孩子的成长规律。同时，还要积极保护孩子的数学兴趣，给予他机会去探索，在现实生活与游戏中对他进行积极的引导，使他能慢慢感知数学，形成数学意识，并学会运用数学解决各种问题。

95. 迷恋加减法，探索数字间的关系，对分类和组合非常感兴趣

——满足孩子理解"数"的需求，提高他的数学能力

家里要来客人吃饭，妈妈让5岁的儿子帮忙摆餐桌。儿子拿着一把筷子，一双一双地摆下去。妈妈忽然问他："现在我们要摆6双筷子，如果要是再来3位客人的话，一共要摆几双？"儿子想了想，迅速地举起手说："6加3等于9，摆9双。"妈妈满意地点点头。

接下来，儿子又兴奋地继续说道："要是再来3位客人，碗就是6加3等于9个，菜碟也要摆6加3等于9个，杯子也是6加3等于9个……"

儿子正说着，他却忽然回头问："妈妈，今天到底来几位客人？"

妈妈笑着摇了摇头，处在数学敏感期的儿子，对加减法真是太迷恋了。

当孩子处于数学敏感期时，他的确会像案例中的孩子那样，对一切可能引发数学关系的事情都产生了浓厚的兴趣。

事实上，孩子与数学之间的"关系"发展是循序渐进的，最开始他可能只是认识数字，并学着数数，接着他就会对抽象的数字产生兴趣，但此时他并没有完全领悟到"数学"这一抽象的概念。不过，随着时间的推移，他会慢慢地迷恋上数学，开始喜欢数楼梯，喜欢数各种可以数得出来的东西，并开始探索数字之间的联系，同时对加减法也产生了浓厚的兴趣。再接下来，他就会对分类组合有所认知，喜欢给东西归类。

这是孩子数学敏感期的发展过程，我们只有针对不同的过程采取相应的教育方法，才可能更好地开发孩子的数学潜能。

引导孩子了解数与数之间的关系

孩子最初进入数学敏感期时，会很好奇数字之间的关系，此时可以帮他理解这种关系。比如，可以用不同的数字来教孩子比较大小，用实物来帮孩子理解"几个加几个等于几个"或者"几个减几个等于几个"的问题。当孩子明白数字之间的大小、多少关系之后，他就能更容易明白加减法的概念。

教孩子学会分类组合

一位妈妈问6岁的儿子："5个苹果加6个橘子等于多少?"

儿子有些疑惑，他看着妈妈没有回答，妈妈则耐心地等着。

儿子思考了一会儿之后，才对妈妈说："苹果和橘子是两种水果，我觉得他们不能相加。"

妈妈笑着点了点头……

孩子是可以区分物品与物品之间的不同的，所以当我们问出"苹果与橘子相加"这样的问题时，他能够想到这两者不能相加。那么接下来，就要抓住这个时机，及时给他讲讲分类、组合的概念，这会帮助他进一步了解数字之间的逻辑关系。

平时，还可以利用孩子整理玩具时给他讲讲分类，或者利用收拾东西时，给他说说组合，以帮助孩子反复体会这两个概念。

巧妙利用生活中的数学

既然孩子的数学敏感期很可能会在生活中萌发，那么就不妨将生活中的数学也利用起来。比如，在买菜的时候，简单的价格计算就能帮孩子进一步掌握加减法；吃饭的时候，碗、筷子、盘子的使用可以帮助孩子学习分类与组合；走亲戚的时候，可以利用家族人数的不同来引导孩子比较家族人数的大小关系；等等。

生活就是个大课堂，只要我们有心，很多场景、实物都能被拿来当成教学资源。而且，这些资源最贴近孩子的生活，他会感到亲切，学起来也就不那么费劲。

三、
文化敏感期

随着孩子年龄的增长，他会进入文化敏感期：有强烈的探究事物奥秘的需求，爱问"为什么"；不仅喜欢中国文化，还会对西方文化产生兴趣；会把自己的想法、心声写出来。这时候，只要帮助孩子顺利度过这一敏感期，他就会产生学习文化知识的巨大动力。

96. 读懂孩子的文化敏感期，引导他领略经典文化

放学回到家，5 岁的儿子突然问妈妈："为什么 3 + 5 = 8 呢？"

妈妈以为儿子不知道加法的概念，便想利用实物来帮助他理解。于是，妈妈拿来 8 个塑料杯，做了两个符号："加号"和"等于号"，然后把"加号"放在中间，把 3 个塑料杯放在"加号"的前面，剩余的 5 个塑料杯放在"加号"的后面，在最后放上"等于号"。

当妈妈做好这一切后，对儿子说："加号前面和后面放在一起，一共有几个塑料杯？你来数数。"

儿子急忙说："我当然知道等于 8 了。但是，为什么那个写着的'3'，加上写着的'5'，就等于写着的'8'呢？"

妈妈明白了，儿子虽然知道几个实物相加是多少，但却不明白那些数字符号怎么能加起来。

孩子在自由探索的过程中，发现了实际物体与符号之间的关系，从而产生了自己的疑问。这说明，孩子进入了文化敏感期。

其实，当孩子长到 3 岁左右时，就开始萌发对文化的兴趣。到了五六岁时，孩子会出现探索事物的强烈要求，会对文字、算术、科学、艺术产生极大的兴趣，并对不同文化表现出好奇。而且，这一阶段的孩子不再像两三岁的孩子那样盲目地问"为什么"，而是在认真思考的过程中产生疑问。

当孩子进入文化敏感期之后，他会有强烈的探索欲和求知欲，他对文化的渴望和兴趣比我们想象中更强烈、更浓厚。孩子一旦有机会接触不同方面的文化，他就会像一块准备吸水的海绵一样，一下子沉浸其中，从中吸取一切来自外界的知识。

由于文化知识是无边无际的，所以孩子的探索欲和求知欲在得到满足的同时，也会不断被激发出来。于是，在这段时期，孩子时而向妈妈讨教很多问题，时而像什么都知道一样，和妈妈说个不停。

不过，每个孩子的文化敏感期出现的时间并不相同，而且对文化知识的关注点也有所不同。比如，有的孩子愿意感受博大精深的中国文化，有的孩子愿意感知西方文化的魅力；男孩可能喜欢探索周围有趣的事物，女孩可能喜欢把自己的想法和心声记录下来……所以，我们要细心观察孩子的内心需求和个别特质，帮助他在这一特殊时期获得更充沛的营养。

如果孩子在文化敏感期内没有得到良好的发展，那么他就会丧失学习文化的最佳时期，即使日后再想学习这一类文化知识，不仅要付出更大的时间和精力，而且效果也可能会打折扣。

所以，要给孩子创设一个有利于激发他探索欲和求知欲的环境，给他提供一个宽阔的平台，迎接他文化敏感期的到来。当你发现孩子的这一敏感期到来的时候，要允许他自由探索、勇敢尝试，要给他提供丰富的文化资讯，以本土文化为基础，延伸至外国经典文化，从而让他更好地领略中西方文化的魅力。

97. 有探究事物奥秘的强烈需求，喜欢问"为什么"

——不要烦躁，耐心回答孩子的"为什么"，与孩子一起探索"为什么"

孩子来到这个世界上，他所面对的是一个神奇有趣的新天地，自然会对周围的新鲜事物充满好奇，想知道这是什么、那是什么。随着年龄的增长，孩子想要了解的东西就更多了，也更想主动探究事物的奥秘。

孩子在没有能力通过阅读和实践找到答案之前，会不自觉地把父母当成"百科全书"，提出各种各样的问题，比如，太阳为什么从东方升起？鱼儿会睡觉吗？树叶为什么是绿色的？人为什么不能像鸟儿一样飞……

一般来说，每个孩子都会经历两个"询问期"。3~4岁时会经历第一个询问期，喜欢问一些诸如"这是什么""那是什么"之类的问题；4~6岁时会经历第二个询问期，喜欢问一些诸如"为什么""怎么会这样"之类的问题。

其实，孩子有想探究事物奥秘的强烈需求，并喜欢问"为什么"，是认识新事物的一种积极表现，也是智力水平和语言能力发展到一定水平的标志。所以，我们一定要用耐心和智慧引导孩子。

不要干涉或制止孩子去探索

当孩子进入文化敏感期后，他会在好奇心的驱使下去探索。然而，很多妈妈出于对孩子的关爱，担心他因探索而受伤，便会干涉或制止他去探索，或者说"不是这样""我来帮你"，或者说"危险""小心""快过来"。

这样做，很容易影响孩子按照自己的想法进行探索，也会在很大程度上扼杀他勇于探索的兴趣，甚至会导致他产生逆反心理。所以，在保障孩子安全的前提下，一定不要干涉或制止孩子去探索，而是让他在宽容的环境中自由探索。

积极回应孩子提出的问题

当孩子不断地提出"为什么"的时候，不要因为他的问题太幼稚而嘲笑他，也不要因为他提出的问题太简单而敷衍他，更不要因为他提的问题太难而随便搪塞他或用粗暴的态度拒绝他，冲他大吼大叫，而是要把他的问题当回事，并积极地回应他。

首先，要放下手头的事情，注视着他，鼓励他具体地说出自己的疑问；其次，要说一些肯定的语言，如"这个问题问得好""没想到你会提出这么有意思的问题""爸爸小时候也有这样的疑问"等。当你用这样的态度对待孩子时，他就会感受到提问的乐趣，下次还愿意向你提问。

耐心回答孩子的"为什么"

在回答孩子的"为什么"时，要考虑他的理解能力和智力水平。对于6岁前的孩子，尽量利用简单生动的语言和通俗易懂的方式满足其求知欲。

有一天，儿子正在画画，他突然问爸爸："爸爸，天空为什么是蓝色的？难道不能是其他颜色吗？"

爸爸放下手中的事，笑着说："这个问题问得好极了。原本，太阳光是由红、橙、黄、绿、青、蓝、紫这七色光复合而成的。"

儿子急忙问："那其他颜色都跑到哪里去了呢？"

爸爸耐心地讲解道："天空中有很多尘埃，其他颜色的光波长较长，正好能绕过尘埃，而蓝色的光波长较短，结果被尘埃挡住了，并发生了散射。所以，我们就看到了蓝色的天空。"

儿子若有所思地点点头。爸爸知道，他可能还是无法理解这一现象，于是就在网络上搜到一个关于这个问题的小视频给儿子看。

最终，儿子通过观看短片明白了光是如何在大气中散射的。

如果孩子提出的问题是我们不了解的，千万不要不懂装懂，更不要随口瞎说，而是要如实地告诉他："妈妈也不知道这个问题的答案，我们一起去寻找吧！"其实，对于一些我们知道答案的问题，也可以用这种方式回答孩子。因为，跟孩子一起寻找答案，可以激发他的探索精神和思考力。

不要经常反问孩子"为什么"

需要特别指出的是，不要过多地反问孩子"为什么"，尤其是三四岁、四五岁的孩子，因为问得越多，他会思考得越多，这种思考有可能是在助长他的诡辩力，而如果孩子在幼儿阶段就有强大的"诡辩"能力，反而会影响他成长，他会对一些问题找很多的"借口"，可能会变得"能言善辩"，不能专注于知识本身，从而影响他吸收力的健康发展。

从孩子的问题中学会反思

孩子的问题多种多样，但有的问题并不一定要求妈妈作出精确的回答，他只是想获得一种满足感，希望得到妈妈的重视。所以，当孩子总喜欢追着妈妈说话，问一些无聊的问题时，妈妈要反思，最近是不是冷落了孩子，应该抽出时间多陪陪他，满足他被重视的愿望。

98. 引导孩子感受博大精深的中国文化的内涵与意义

——让孩子从小了解中国经典文化，当然，我们自己应该先了解并认同

在今天这个知识大爆炸的时代，很多妈妈都有一个错误的观念：特别注重对孩子知识技能的教育，不仅让他接受学校的正规教育，还让他上各

种特长班、才艺班，唯恐他因掌握不好知识技能而影响未来的前途。但是，大家却忽视了非常重要的一点——让孩子学习中国文化。

有的妈妈可能会说："孩子学中国文化有必要吗？他能从中受益吗？"当然有必要，而且会让孩子受益终生。

中国是四大文明古国中唯一将文化保存下来的国家，在5000年的历史长河中传承下来了很多让世人惊叹的文化宝藏。祖先留下来的智慧经过几千年的检验并一直流传到今天，就可以说明这一切。如果这些智慧是错误的，早就被淘汰了。

而且，全球的文化发展有一个新的趋势——中国文化正在崛起，孔子学院在全球已经建立了500多所，很多国外人士在了解和学习中国语言和中国文化。作为中国人，我们理应为拥有如此灿烂的文化而自豪，更应该将中国文化代代传承下去。

然而，遗憾的是，孩子正在慢慢被"西化"，家长盲目追崇"西方文化"，对西方生活方式津津乐道，对西方节日的喜爱和追崇胜过对中国传统节日的喜爱。

美国第37任总统理查德·尼克松在《1999不战而胜》的最后部分写过这样一句话："当有一天，中国的年轻人已经不再相信他们老祖宗的教导和他们的传统文化，我们美国人就不战而胜了。"看到这句话，我们除了有所警醒之外，更要行动起来。

首先，我们要了解和认同中国文化；然后，让孩子从小接触中国文化，让他从博大精深的中国文化中吸取更多营养和智慧，进而热爱中国文化。

对此，要给孩子创造一些接触中国文化的机会，比如，要引导孩子读诵中华传统经典，让他初步了解古圣先贤的智慧；带孩子参观博物馆、科技馆、天文馆等，让他更深入地了解地理、科技、天文等方面的知识；与孩子一起欣赏古筝、二胡、京剧等艺术表演，让他感受中国古典音乐的魅力；带孩子参观书法作品展览、美术展览等，让他透过中国书画感受传统文化的韵味；和孩子一起到各地旅游，引导他去了解各地的风土人情……总之，在日常生活中，我们要有这样的教育意识，让孩子更好地接触中国文化。

不过，让孩子学习和接触中国文化的目的，不是为了让他从小就上知天文、下知地理，成为一个"小学者"，而是要让他感受中国文化的博大精深，接受做人的教育，养成良好的行为习惯，懂得用智慧去解决问题。

在前面，我们已经提到了关于经典诵读的问题，经典诵读非常重要，但是经典不只是用来诵读的，更是用来跟着做的。也就是说，我们和孩子要把经典中的教诲运用到实际生活中。

需要注意的是，我们千万不要拿着经典去要求孩子，否则会让孩子产生反感，甚至让他觉得中国文化像"警察"一样死死地盯着自己。只要我们家长按照经典的要求去做，孩子就会从我们这里知道该如何落实中国文化。

孔子曾说，"君子求诸己"，这是君子的一个特质，也就是说，君子永远要求自己，遇到问题都会先从自身找原因，并及时更正以完善自我。小人是怎么做的呢？孔子说，"小人求诸人"，也就是说，小人则要求别人，他们会想方设法推卸责任，只会看到别人身上的问题，从来不懂得反思自己。孟子也曾经说过，"行有不得者，皆反求诸己"，说的是，如果遇到了问题不要去外面找原因，而是要从自身寻找。就像古代射箭（射为"礼乐射御书数"六艺之一），宾主拜揖行礼，讲求立德正己、礼乐相和、礼让、庄重，提倡"射者正己而后发。发而不中，不怨胜己者，反求诸己而已矣"。这些道理都是一样的，可见，中国文化是"求诸己"的文化。

再拿《弟子规》来说吧！《弟子规》里有一句话说："用人物，须明求。"意思是，要想用别人的东西，一定要先经过对方的允许。对此，我们首先要做到这句话，当我们想用别人（包括孩子在内）的东西时，要先征得对方的同意。如此一来，孩子就会向我们学习，也会做到这一点。

孩子除了从中国文化中学习传统美德之外，还可以从前面提到的《论语》《大学》《中庸》《孟子》《道德经》《易经》等中华传统经典中学习人生智慧，从小就播下一颗智慧的种子，等他长大之后，自然就会用智慧处理所遇到的问题，从而结出丰硕的果实。

99. 引导孩子感知和体悟西方经典文化的魅力与价值

——给孩子机会接触西方经典艺术、适合他阅读的西方文化名著

前面我们讲到了养育孩子过程中西化的倾向，不过，这并不是说孩子不能接触西方文化，我们要让孩子感知和体悟西方经典文化的魅力与价值，更要"取其精华，去其糟粕""择其善者而从之，其不善者而改之"。

一般来说，当孩子通过电视、书籍等了解到西方的风土人情、节日、建筑、雕塑时，都会激发他想一探究竟的好奇心。这说明孩子对西方文化产生了浓厚的兴趣。此时，我们就可以借着他的兴趣，向他介绍西方文化。

快到圣诞节了，4岁半的儿子发现很多饭店、商店门口都张贴着一张老爷爷的画，便好奇地问妈妈："妈妈，他们为什么要张贴老爷爷的画呢？"

妈妈笑着说："西方有一个节日叫'圣诞节'，相当于我们过的春节。这个老爷爷是圣诞老人，在圣诞夜，爸爸妈妈会在孩子的枕头旁放上一只

袜子，等到孩子入睡之后，圣诞老人就会把礼物放进袜子里。"

"这是真的吗？"

"真的啊！"

"那我也要圣诞老人送的礼物。"

"好，到了圣诞夜的晚上，圣诞老人就会把礼物送到你身边了。"

儿子高兴地蹦起来。

此外，妈妈还给儿子讲了圣诞节的由来、庆祝方式以及西方人过圣诞节的一些习俗。

这位妈妈利用这次机会，让儿子了解了西方圣诞节的相关内容。

除了给孩子简单地讲解西方文化之外，还可以给他提供一些读物或书籍，和他一起观看相关的纪录片、动画片、电影等，从而让他更深入、真切地感知西方文化的魅力。

引导孩子了解和认识世界地理

可以先从世界地理入手，再慢慢引导孩子进入西方文化。可以通过各种科学媒介让孩子了解世界地理，比如，可以拿着世界地图或地球仪给他讲解，可以让他观看相关的视频影像。

当孩子对各个国家的名称、分布有了大致了解之后，就会对西方有一个基本的印象了，自然就不会在一接触西方文化的时候就感到一头雾水。切记，我们一定要先对世界地理有一个深入的了解，并确认每个国家的英文名、中文名及首都等内容，千万不要传递给孩子似是而非甚至错误的知识。

给孩子创造接触西方艺术的机会

对6岁前的孩子而言，其人生阅历、理解能力和智力水平都很有限，并不适合接触或了解西方哲学。那么，不妨给他创造接触西方艺术的机会。

比如，可以带孩子参观西方艺术博览馆，让他看一些西方的绘画作品、雕塑作品等；可以给孩子买一些有关西方城市建筑、自然风光的图画书；可以让孩子听一听世界名曲，看一看世界名画；等等。如此一来，孩子就能从视觉、听觉上赏析西方的艺术文化、人文文化和自然文化。

让孩子阅读一些浅显的西方著作

可以根据孩子的年龄特点、理解能力，给他选择一些浅显的西方著作。《伊索寓言》应该算是不错的读物，因为它里面大多都是关于动物的故事，动物形象生动有趣，孩子一般都比较喜欢。而且，每个故事都会表达不同的思想和做人的道理，对于刚刚接触西方文化的孩子来说，这是比较有价值、有意义的。

不过，一定不要以孩子可以读哪位文学家的著作为荣，因为西方的很多名著或多或少地通过批评或讽刺的手法揭示社会的黑暗，或者通过过于直白的手法歌颂爱情。对于有这些内容的著作，是不适合这个年龄段的孩子阅读的。要给孩子看内容健康、积极向上的著作。

除此之外，还可以让孩子听一听西方的经典著作，如《莎士比亚十四行诗》《仲夏夜之梦》等。对于 6 岁之前的孩子，"听"经典是十分必要的。对此，要给孩子营造一种良好的氛围，持续给他播放经典诵读音频，即使他一边玩一边听也没有关系。

100. 自由表达自己的想法、心声，并用笔把它们写出来

——写作是孩子阅读与说话的延伸，欣赏他的"作品"，让写作充实他的文化敏感期

随着孩子自我意识日渐增强，他有表达自己想法和心声的欲望。而

且，当孩子能认识很多字、会写一些字的时候，他也有用笔把自己的想法和心声写出来的冲动。然而，由于孩子的识字与写作水平有限，不仅会写错字，还会表述不清。

一位妈妈对6岁的女儿说："咱们周末去郊外玩，怎么样？"

"太好了，我同意。"女儿高兴地答道。

后来，女儿在房间里待了半天没出来，妈妈觉得奇怪，走进去一看，原来，她正在本子上写字呢！女儿看到妈妈进来，说道："妈妈，快看，这是我写的日记。"

妈妈看到女儿写的不规范的汉字和拼音，有些不耐烦地说："你看你写的这是什么啊，妈妈都看不懂！"

试想，这个女孩听到妈妈的话会作何感想？她可能会感到委屈，可能会自我否定，甚至一听到写作就会发憷，不敢用文字表达自己的心声。

其实，无论孩子写得如何，至少他敢于把自己的想法和心声写出来，这对他来说就是一个不小的成长和突破。所以，我们要懂得欣赏孩子的"作品"，让写作充实他的文化敏感期。这样，孩子就会越来越愿意用文字记录自己的心声，他的写作水平也会得到提升。

帮助孩子打好拼音的基础

由于孩子会写的汉字有限，掌握的词汇量也有限，所以在写作的过程中，难免会遇到一些不会写的汉字。这时候，孩子很可能会因此而失去写作的兴趣和积极性。

如果让一个六七岁的孩子在一段时间内学会写很多汉字，并准确无误地写出来，恐怕很难做到。那么，不妨先帮助孩子打好拼音基础。当孩子愿意用文字记录简单的事情时，如果遇到不会写的汉字，就可以先用拼音代替。

这样，孩子不仅可以牢固地掌握拼音，还可以提高写作的兴趣和积极性。随着孩子掌握的汉字越来越多，写作中夹杂拼音的情况也会越来越少。

让孩子从简单的一句话写起

一篇日记、作文，是由单词、句子、段落等要素组成的。孩子在写作的初期，可以从简单的一句话写起。只要孩子坚持每天写一句话，经过一段时间的练习之后，他的写作水平一定会得到提高。这时候，孩子就可以把一句话扩充为一段话了。

不过，对孩子的要求不要太高，只要他愿意写，哪怕是写不完整的一句话也可以。如果孩子根本就不想写，也不要逼迫他，顺其自然就好。

欣赏孩子的"大作"

即使孩子写得并不好，也不要打击、嘲笑他，冲他吼叫，而是要懂得欣赏他的"大作"。一方面，只要孩子能够写出来，就要表扬他，可以对他说："哇，你已经可以把自己的想法写出来了！"另一方面，如果孩子写作流畅、表达清晰，就更要欣赏了，可以这样对他说："你能把事情交代得这么清楚，既有时间、地点，又有人物，真是不错啊！"

只要你的态度是肯定的，对他是欣赏的，那么他就会受到鼓舞，会顺着你的赞赏继续尝试写作。

另外，对刚开始尝试写作的孩子来说，也不要过多地纠正他。当他逐渐进入写作状态后，再根据他的实际情况给予相应的指导。不过，千万不要让孩子过早地掌握所谓的"写作技巧"，否则他会为了追求写作技巧而无法把最自然、最真切的感情流露出来，反而限制了他写作能力的"自然成长"。